国語授業アイデア事典

小学校国語科
学び合いの授業で使える！
「思考の可視化ツール」

細川太輔・北川雅浩 編著

明治図書

は じ め に

　今，主体的・対話的で深い学びが必要な資質・能力を育てる手立てとして
注目されている。しかしそのような主体的・対話的で深い学びを生み出す手
立てについては現在模索されている最中であり，具体的な提案はなされてい
ないのが現状である。

　本書ではその手立てとして思考の可視化ツールを提案するものである。思
考の可視化とは自分が考えたことを表現し，目に見える状態にすることであ
る。表現する方法は言葉だけではなく，図，動作，カードなど様々なものが
ある。このように思考を頭の中だけで行うのではなく，それを表現して具体
化し可視化することは，以下の3点で有効だと考える。

　1つ目は考えたことを具体物に置きかえることで，子どもたちは自分の考
えをまとめることができるということである。頭の中だけでは思考がまとま
らず，考えを表現することで考えがまとまったという経験が読者の皆様もあ
るのではないだろうか。ベン図を使えば共通点，表を使えば観点別比較など，
図表などの可視化ツールを用いると思考がまとまると考えられる。

　2つ目は学び合いを活性化するということである。思考を可視化すると友
達の考えが分かるようになり，その違いに気付きやすくなる。例えば自分の
立場をホワイトボードに貼るだけで自分と友達の立場の違いが分かる。それ
により違いに気付くと，どうして違うのかを考えて学び合いのきっかけにな
る。

　3つ目は評価しやすくなるということである。子どもにとってはふり返り
やすく，教師にとっては子どもの思考が可視化されることで評価しやすくな
る。例えば話し合いはすぐに消えてなくなってしまうので，ふり返ったり，
評価したりすることは難しい。ホワイトボードなどをもたせて話し合いの記
録を子どもにとらせ，話し合いを可視化したらどうであろうか。子ども自身

もふり返りやすくなるし，教師も評価が楽になる。そのことにより，子ども
は次どのようにすればよいかを考えることができて自ら学ぶ力が育つし，教
師は次の授業の手立てを考えやすくなる。

　本書は，思考の可視化ツールを使って学びを改善することを提案するもの
である。Chapter1では理論編として思考の可視化がどうして今必要なのか，
そしてどのように考えればよいのかについて説明する。Chapter2では準備
編としてそれぞれの思考の可視化ツールの種類と用い方について具体的に述
べる。Chapter3では実践編として低学年，中学年，高学年４つずつ12本の
実践事例を紹介する。どれも効果的な事例であり，読者の先生方の参考にな
ることは間違いないであろう。

　本書が子どもの主体的・対話的で深い学びを目指している読者の先生方に，
少しでもお役に立てたら幸いである。

2018年２月

編著者　細川太輔

はじめに　3

目　次
Contents

はじめに ……………………………………………………………………… 2

Chapter 1 理論編
思考の可視化ツールで思考力・判断力・表現力を育てる！ … 8

1 国語科に求められている資質・能力 ……………………………… 8
2 資質・能力を育成する学び合い ………………………………… 9
3 学び合いを効果的にする可視化ツール ……………………… 10
  1 思考の可視化ツールとは …………………………………… 10
  2 思考の可視化ツールの役割 ………………………………… 13

Chapter 2 準備編
学び合いの授業で使える！
思考の可視化ツールの種類と活用法 …………………… 16

1 学び合いの準備のポイント ……………………………………… 16
  1 何のために取り入れるかを考える ………………………… 16
  2 いつどんな思考の可視化ツールを取り入れるか考える ……… 18
  3 発達段階に合ったツールを活用する ……………………… 20
  4 ツールを取り入れた単元全体の流れを考える ……………… 22
  5 次々に新しいツールを取り入れない ……………………… 24
2 思考の可視化ツールの特徴と使い方 ………………………… 26
  1 フロー図 …………………………………………………… 26
  2 ベン図 ……………………………………………………… 28
  3 ピラミッドチャート ……………………………………… 30
  4 マトリクス ………………………………………………… 32

⑤	ホワイトボード	34
⑥	タブレット	36
⑦	録音・撮影・録画	37

コラム

あると便利な道具紹介①	**付箋紙**	23
あると便利な道具紹介②	**タイムタイマー**	25
あると便利な道具紹介③	**学習の手順を示す掲示物**	33
あると便利な道具紹介④	**コールサイン**	35

Chapter 3 実践編
思考の可視化ツールを活用した学び合いの授業プラン ···· 38

1 第1学年 書くこと ································· 38
カードで取材の方法を意識させる
単元名　ことばれすとらんでかこう
関連教材　「おもいだしてはなそう」「こんなことをしたよ」

2 第1学年 読むこと（文学的文章） ································· 46
表で学習過程を可視化し，見通しをもつ
単元名　おきにいりのほんをしょうかいしよう
関連教材　「おとうとねずみチロ」

3 第2学年 話すこと・聞くこと ································· 54
ロボットで重層的なプログラミング的思考を育成する
単元名　「ロボット大会」をひらこう
関連教材　「「おもちゃ大会」をひらこう」

目 次　5

4 第2学年 読むこと（説明的文章）‥‥‥‥‥‥‥‥‥‥‥‥ 62

動作化とすごろくで順序に気をつけて読む

単元名　しょくぶつすごろくをつくろう

関連教材　「すみれとあり」

5 第3学年 話すこと・聞くこと ‥‥‥‥‥‥‥‥‥‥‥‥‥‥ 70

話す型・聞く型を可視化する

単元名　話の中心に気をつけて聞き，しつ問をしたり感想を言ったりしよう

関連教材　「よい聞き手になろう」

6 第3学年 読むこと（文学的文章）‥‥‥‥‥‥‥‥‥‥‥‥ 78

ホワイトボードで読みの交流を活発にする

単元名　斎藤隆介さんの世界を楽しもう

関連教材　「モチモチの木」

7 第4学年 書くこと ‥‥‥‥‥‥‥‥‥‥‥‥‥‥‥‥‥‥‥ 86

付箋で自分の考えを整理し，伝え合う

単元名　4年3組のグッドポイントを伝えよう

関連教材　「自分の考えをつたえるには」

8 第4学年 読むこと（説明的文章）‥‥‥‥‥‥‥‥‥‥‥‥ 94

段落相互の関係を可視化する

単元名　段落どうしの関係をとらえ，説明のしかたについて考えよう

関連教材　「アップとルーズで伝える」

9 第5学年 話すこと・聞くこと，書くこと ‥‥‥‥‥‥‥‥ 102

ことばポストで考えを明確にして，文章に書く

単元名　考えを明確にして話し合い，グループで提案書を書こう

関連教材　「明日をつくるわたしたち」

10 第5学年 読むこと（説明的文章） ‥‥‥‥‥‥‥‥‥‥‥ 110

まんがの「ひみつカード」で筆者の論理に迫る

単元名　まんがの「おもしろさのひみつ」を解説しよう

関連教材　「まんがの方法」

11 第6学年 話すこと・聞くこと ‥‥‥‥‥‥‥‥‥‥‥‥‥ 118

身に付けた力を自覚する

単元名　よりよい討論会のあり方を見付けよう

関連教材　「学級討論会をしよう」

12 第6学年 書くこと ‥‥‥‥‥‥‥‥‥‥‥‥‥‥‥‥‥‥ 126

自分の見方・感じ方を可視化し表現する

単元名　自分のものの見方や考え方を深めよう

関連教材　「随筆を書こう」

おわりに ‥‥‥‥‥‥‥‥‥‥‥‥‥‥‥‥‥‥‥‥‥‥‥‥‥‥‥‥ 134

Chapter1
理論編

思考の可視化ツールで
思考力・判断力・
表現力を育てる！

1 国語科に求められている資質・能力

　国語科では中央教育審議会答申を受けて，学習指導要領の改訂が行われ，国語科の目標も知識・技能，思考力・判断力・表現力等，学びに向かう力・人間性等の観点で以下のように分類された。

　言葉による見方・考え方を働かせ，言語活動を通して，国語で正確に理解し適切に表現する資質・能力を次のとおり育成することを目指す。
(1)　日常生活に必要な国語について，その特質を理解し適切に使うことができるようにする。
(2)　日常生活における人との関わりの中で伝え合う力を高め，思考力や想像力を養う。
(3)　言葉がもつよさを認識するとともに，言語感覚を養い，国語の大切さを自覚し，国語を尊重してその能力の向上を図る態度を養う。

---

　(1)が知識・技能，(2)が思考力・判断力・表現力等，(3)が学びに向かう力・人間性等にあたる目標である。(2)，(3)の育成をどのように目指すかについて，「学習指導要領解説国語編」には以下のように書かれている。

　伝え合う力を高めるとは，人間と人間との関係の中で，互いの立場や考えを尊重し，言語を通して正確に理解したり適切に表現したりする力を高めることである。思考力や想像力を養うとは，言語を手掛かりとしながら論理的に思考する力や豊かに想像する力を養うことである。思考力や想像力などは認識力や判断力などと密接に関わりながら，新たな発想や思考を創造する原動力となる。こうした力を，未知の状況にも対応できる「思考力，判断力，表現力等」として育成することが重要となる。（下線筆者）

下線部から分かるように伝え合う力を育てるには，人間と人間の関係の中で言葉を使うことが重要であるし，思考力や想像力は未知の状況に対応する力として育てていくことが重要であるとされている。

　また学びに向かう力・人間性等については「学習指導要領解説国語編」に以下のように書かれている。

　言葉がもつよさには，言葉によって自分の考えを形成したり新しい考えを生み出したりすること，言葉から様々なことを感じたり，感じたことを言葉にしたりすることで心を豊かにすること，言葉を通じて人や社会と関わり自他の存在について理解を深めたりすることなどがある。こうしたことをよさとして認識することを示している。

　言語感覚とは，言語で理解したり表現したりする際の正誤・適否・美醜などについての感覚のことである。話したり聞いたり書いたり読んだりする具体的な言語活動の中で，相手，目的や意図，場面や状況などに応じて，どのような言葉を選んで表現するのが適切であるかを直観的に判断したり，話や文章を理解する場合に，そこで使われている言葉が醸し出す味わいを感覚的に捉えたりすることができることである。（下線筆者）

　「国語の大切さを自覚し，国語を尊重してその能力の向上を図る態度」は伝統的な言語文化にあたるのでここでは省略するが，学びに向かう力・人間性等には「言葉のもつよさ」と「言語感覚」があり，「言葉のもつよさ」は言葉を通じて人や社会と関わる中で育成され，「言語感覚」は具体的な言語活動の中で育成されるとされている。

2　資質・能力を育成する学び合い

　これらの資質・能力を育てるには筆者は学び合いが重要だと考えている。学び合いをすることにより，自分では気付かなかったことを知ったり（知識

及び技能），自分とは違う立場から考える批判的思考力が身に付いたり（思考力・判断力・表現力等），違う立場から物事を見て新しいことに気付いて好奇心を高めたり（学びに向かう力・人間性等）することができる。つまり，講義を聞いて個人で暗記したり，考えたりしていくという授業のみではなく，他者と交流し，考えを広げたり，自ら学びに向かったりする授業もすることが求められているのである。これがまさに主体的・対話的で深い学びであり，それによって資質・能力が育成できると考えている。（詳細は拙著『国語授業アイデア事典　ペア＆グループ学習を取り入れた小学校国語科「学び合い」の授業づくり』明治図書，をご参照ください。）

3　学び合いを効果的にする可視化ツール

　しかし筆者はこれだけでは不十分であると考えている。いくら言語活動をし，学び合いをしたとしても，それが資質・能力として必ず身に付くとは限らない。また言語活動と実の場と結びつきが強いほど様々な要素が入ってきて子どもが身に付けた力と教師が身に付けさせたい力が一致するのが困難になってしまう。そこで教師はもうひと工夫が必要だと筆者は考えている。それがこれから述べる思考の可視化ツールである。

1　思考の可視化ツールとは

　思考の可視化ツールとは子どもの考えたことを見えるようにするツールのことである。具体的には以下のようなものが考えられる。

❶学習感想やメモなどの文字資料

　学習感想や子どもが書いた文章などが考えられる。オーソドックスであるが子どもの思考を見る際に重要なデータとなる。子どもが書いたホワイトボードなどのメモ，教師の書

いた板書などもそれに当たる。
　例えば授業の最後に感想を言って終わりにするのではなく，自分の考えをノートにまとめて記録にしていく。このことにより子どもはその当時考えていたことを可視化することができ，次の学習につなげていくことができる。

❷図表，写真

　ベン図，ウェビングマップ，表のように考えたことを図に表すことで子どもの思考が分かるだけでなく，子どもの思考を誘導することができる。また写真をとったり，図を描い

たりした際にはその写真や図が子どもの思考の可視化したものと見ることができる。
　例えば詩を読んでその情景を想像する際にただ想像するだけではなく，絵に表して可視化したとする。そうすることで子ども一人一人が想像したものがはっきりとしてそこから解釈の違いを考えるなど学習を展開することが可能になる。

❸動作

　登場人物の行動や説明文の言葉の意味を動作化することで子どもの思考を見ることができる。例えば「はたらくじどう車」で，バスはおおぜいのお客が乗れるように手すりや吊

革がついていると書かれている。しかし子どもはおおぜいのお客が乗ることと，手すりや吊革がついていることの関係はなかなか分からない。そこで実際に動作化した優れた授業を見たことがある。手すりや吊革があって急ブレーキがあった時と，手すりや吊革がなくて急ブレーキがあった時をそれぞれ動作化するのである。すると手すりや吊革がない方は子どもたちがひっくりかえるような動きをする。そのことから大勢の人が乗れるように椅子を減ら

Chapter1　理論編　思考の可視化ツールで思考力・判断力・表現力を育てる！　**11**

し，その分立った人が安全に乗れるように手すりや吊革があることを子ども
は実感できるのである。子どもがその文章をどう読んだのか，その思考は動
作化により可視化することができるのである。

❹具体物

　具体物で思考の可視化ができる。
具体物とは手作りおもちゃや観察し
た生き物などがある。例えば手作り
おもちゃの説明書を作るとする。子
どもがおもちゃを実際に考えながら
作っていたり，おもちゃを改造したりすれば子どもの思考は実際にできたお
もちゃの様子から見ることができる。子どもの思考は具体物からも見ること
ができる。

❺友達からのコメント

　可視化ツールはものだけではない。
友達から自分の思考がどう見えてい
たかを聞いたり，自分が無意識にし
ている言動を教えてもらったりする
ことで自分の思考を可視化すること
ができる。友達からの感想を付箋でもらうのも有効な手段である。例えば話
し合いの最中は夢中になって話し合っていて自分がどうだったか分からない
ことも多いので，友達に自分の話し合いを客観的に見てもらってそれを付箋
に書いて教えてもらうことで，ふり返りにつなげていくことができる。

　他にも，ICTの発達により，音声や動画，スライドショー，プログラミン
グなど様々なもので子どもの思考を可視化できるようになってきた。具体に
ついては後の章で詳細に述べるが，これらの思考ツールを使うと先に挙げた
思考力・判断力・表現力等，学びに向かう力・人間性等を育成することがで
きると考える。

2 思考の可視化ツールの役割

思考の可視化ツールには以下のような効果があると考えられる。

❶情報を整理し，思考を支援する

１つ目は情報を整理し，思考を支援する効果である。例えばグラウンドでも体育館でもできる運動を考えるとしよう。ここで可視化ツールとしてベン図を用いるとする。

確かにベン図を使わなくても重なりを考えることは可能である。しかしベン図があった方が考えやすいであろう。まず体育館でできる運動として，ドッジボール，バドミントン，肋木，バレーボール，マット運動，バスケットボールなどがあり，グラウンドでできる運動としてサッカー，ドッジボール，野球，テニスなどがある。それを付箋に書いてベン図に貼ることでドッジボールが両方できるところに貼ることになる。このようにベン図を使うことで子どもは情報を整理し，重なりについて思考することができる。これは子どもだけではなく，大人でも有効な手段である。とりあえず情報を書き出し，それを図を用いて整理することで，思考が支援され，論理的な思考ができるようになるのである。これは情報の扱い方という知識・技能にもなるが，思考力・判断力・表現力等にあたる論理的思考力を育成することにもつながると考えられる。

❷思考のふり返りを容易にする

可視化ツールを用いることで自分の思考を表現した子どもは，それをもとにふり返りができるようになる。例えば自分のスピーチの様子をビデオで撮ってもらうとする。そのビデオをもとに，自分の話し方がどうであったか子どもはふり返り，よかったところはそのまま生かし，改善すべきところは改善して次につなげることができる。あいまいな記憶からふり返るのでは正確でないし，自分の気付いていない観点ではふり返ることができないのでビデ

オを使うことが効果的である。このよ
うに具体的な事実からふり返りができ
るよう思考を可視化して残しておくこ
とはふり返りを容易にする手段として
とても有効である。これによって思考
力・判断力・表現力にあたる未知に対
応する思考力，学びに向かう力・人間
性における自分の思考を形成できるという言葉のよさに気付くことが育成で
きると考えられる。

❸他者との学び合いを生む

　思考の可視化ツールは個人の学びの質を上げるだけではない。学び合いの
質も上げることができる。これが可視化ツールの最大の特徴である。なぜ可
視化ツールで学び合いの質を上げることができるのか。それは，思考という
目に見えないもので交流するのは困難であるが，思考を可視化していればそ
れに対して異同を言ったり，意見を言ったりすることが容易になるからであ
る。

　例えば物語で「きつねのおきゃくさま」の動きを動作化したとする。そこ
で「いや，まだいるぞ。きつねがいるぞ」というセリフがある。音読劇を作
りながら物語を読んでいくと，そのセリフをおおかみに言わせるグループと，
きつねに言わせるグループが出てくる。そこでどちらのセリフなのか話し合
いが生まれるのである。可視化することで自分と相手の違いが明確化し，そ
こから学び合いが生まれ，思考力・判断力・表現力等にあたる想像力や論理
的思考力の育成が期待できるのである。

また，学びに向かう力・人間性等も思考の可視化による学び合いで育てることができる。例えば，言葉の受け取り方が人によって異なることから，自他の違いを受け入れ自他の存在についての理解を深めること，自分なりの言語感覚を深めることにもつながると考えられる。

❹教師の評価の資料となる

　思考が可視化されたということは子どもの学び合いを活性化させるだけではなく，教師の評価も容易にすることができる。特に新学習指導要領ではテストで何ができるようになったかという結果だけでなく，結果に至るまでの学習過程も重視されるようになってきた。これは未知の状況に対応できる力を育成することが求められているため，新しい状況で何が問題であるかを見極め，それを解決していく過程や能力が重要とされるようになったからである。

　それではどのように教師は評価していけばよいのか。例えば話し合いの授業で全ての班の話し合いを聞いて評価することは困難である。確かに全ての班にICレコーダーを置いて聞けば可能であるが，8班あるとして15分の話し合いを全て聞くのに2時間かかってしまう。それは多忙な教師にとって現実的には不可能なことである。

　しかし全ての班にホワイトボードを渡し，話し合いの過程を記録させていけばどのような結論で話し合いが行われたのかを教師はゆっくりと見ることができる。また話し合いを見るバディを決めておいて，その子どもがどうであったかバディにメモをさせてその子どもにアドバイスさせれば，そのメモを見てその子どもが話し合いでどううまくいったのか，また何が課題だったのかを見ることができる。最後に学習感想を書かせればその子どもが話し合い中にどのような思考を働かせたのか，また今後どうしていきたいと思っているのかを見ることができると考えている。

（細川太輔）

Chapter1　理論編　思考の可視化ツールで思考力・判断力・表現力を育てる！　**15**

Chapter2
準備編
学び合いの授業で使える！
思考の可視化ツールの
種類と活用法

1 学び合いの準備のポイント

1 何のために取り入れるかを考える

　思考の可視化ツールを有効に活用するためには，子どもたちの学びの過程に沿って取り入れることが大切である。例えば，発想をふくらませる段階で用いるツールと整理する段階で用いるツールとでは，子どもたちの書き込み方にも大きな違いが出るはずである。詳しくはChapter3の実践編で具体的な実践例をもとに紹介するとして，ここでは「発想」「整理・まとめ」「発表準備」といった目的に合わせた思考の可視化ツールの活用のポイントを紹介したい。

❶「発想」が目的の場合のポイント

　「発想」が目的の場合は，思いつきでも構わないので考えを書き出すことを重視したい。このような活動は，スピーチや作文の題材探しの場面や，話し合いの前段でアイデアをふくらませる場面等で多く用いられる。「発想」のためには，思考の可視化ツールはぐちゃぐちゃになって構わないことを子どもたちにしっかり伝えることが大切である。右の話し合いボードは子どもたちが話し合いながら書き進めていった思考の可視化ツールである。自分たちのアイデアをどんどん出していくために，付箋紙も

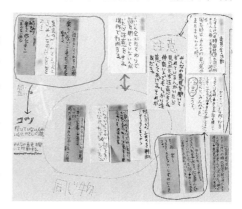

話し合いボード

使いながら書き出していっているのが分かる。分類して線で囲んだり，矢印でつなげたりして関係づけていくことを大切にしたい。

❷「整理・まとめ」が目的の場合のポイント

　グループの意見をまとめるために，思考の可視化ツールを用いることがある。出された意見を表やホワイトボードに書き出すことで，自分たちの意見を俯瞰して捉えることができるので，話し合いをまとめる方向に向かいやすくなる。後でふり返ったり，再検討できるように，書いた事柄を消さないように指導したい。まず「発想」で広げてから「整理・まとめ」へとつなげていくことが有効である。

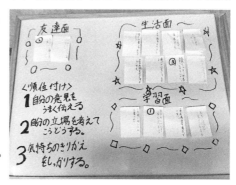

ホワイトボード

❸「発表の準備」が目的の場合のポイント

　グループでの学び合いの後で，学級全体に向けて発表・報告する際，音声言語だけでなく，ホワイトボード等に書いて示すことがある。そういった場合には，「整理」が目的の場合と同様に見やすく書く必要がある。学級全体に発表するのだから，当然，遠くの席から見る子どももいる。全員に見えるように大きな文字で書くためには，短い言葉にする必要がある。足りない言葉は，音声言語で補えばよいのである。また，ぱっと見て理解するためには大事な部分を色でマークすることが効果的である。短い時間で自分たちの考えを伝えるためには，重点をはっきりさせる必要があることを指導することが大切である。

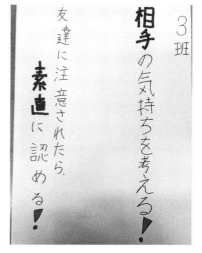

発表用ホワイトボード

2 いつどんな思考の可視化ツールを取り入れるか考える

❶具体的な思考をイメージする

　学び合いの目的や形態・構成を決めたら，次は具体的なツールを検討する。Chapetr1で紹介したように，思考の可視化ツールといっても様々な種類がある。それぞれのツールで促される思考は異なるから，どんな思考をさせたいのかを具体的にイメージすることが大切である。例えば，問題解決のための話し合いをさせようとした時，自分のクラスの子たちになりきって考えてみたところ，解決方法を列挙するばかりで問題状況の原因に目が向かないと判断したとする。そうしたら，図のようなフロー図を取り入れて話し合いに取り組ませてみてはどうだろうか。その時間の話し合いで原因をしっかり考えるだけでなく，可視化されることにより印象に残りやすいため，その後の生活・学習場面でも原因を探るといった思考が活用されることが多くなる。

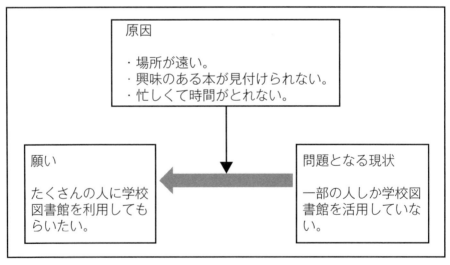

フロー図

❷シンプルなツールで思考を焦点化させる

　思考の可視化ツールを取り入れる意図の1つに，子どもたちの思考を焦点

化させるための支援ということがある。「どう考えてよいか分からない」「考えがぐちゃぐちゃになってしまった」という時に，さっと取り入れることで，思考すべき道筋がはっきりするように導いてやるのである。その場合には，できるだけシンプルなツールを用いたい。「比較」のための図，「順序」を考えるための図といった形で用いる思考を焦点化させるのである。ただし，ツールを使って考えを整理することが目的ではないので，ツールを活用して考えたことをその後どう生かせばよいかも合わせて示すことが大切である。

❸自由度のあるツールで自分たちの思考をふり返らせる

　思考の可視化ツールを取り入れる意図のもう１つに，自分たちがどのように考えたのかをたどらせるためということがある。その場合には，自由度のあるツール（白紙でもよい）に，どんどん文字や記号を書き込ませていくのがよい。また，ふり返るのは学び合いの終わりだけではなくて，学習の途中でふり返る場面を設けることが有効である。一度整理することによって，新たな発想が生まれたりこれから取り組むべき道筋が見えてきたりする。

思考の可視化ツールを検討する際に

　思考の可視化ツールでの学び合いを取り入れようと考えている場合には，実際に自分がそのツールを使って考えてみることが大切である。毎回の授業では難しいかもしれないが，公開授業等で指導案を検討する際には，ぜひとも取り組んでもらいたい。その際のチェックポイントを以下に示しておく。

□子どもたちの思考の進め方とツールはぴったり合っているか？
　（子どもはそんな考え方をしない！というツールを選んでいる時もある。）
□何のために取り入れるか子どもたちに分かりやすく説明できるか？
□ツールの使い方が複雑で，教師による説明が多くなりすぎないか？
□子どもたちは書きにくくないか？

Chapter2　準備編　学び合いの授業で使える！思考の可視化ツールの種類と活用法　　**19**

3 発達段階に合ったツールを活用する

❶低学年　楽しく取り組めるツールを中心に

　Chapter1で紹介したように思考の可視化ツールには，様々な種類がある。大切なのは，目の前の子どもたちに合ったツールを選ぶことだ。低学年だったら「楽しい！」「もっとやりたい！」と思えるようにしたい。動作や具体物などは特にこの時期にぴったりであろう。例えば，この時期にペープサートを活用しながら読みを広げていくというのは，とても効果的な方法である。ペープサートというと，読む学習のまとめとしてお客さんに向けて発表するといったイメージが強いが，この時期の子どもたちはお客さんがいなくても，ペープサートを動かしながら物語世界を楽しむことを好む。1人でするよりも，友達と一緒の方が楽しいため，進んで学び合いが行われる。登場人物がどんな言動をどのようにしたのかに重点をおけば読むことの学習になるし，自分たちでの想像を重視すればお話づくりなどの書くことの学習につながる。

❷中学年以降　子どもたちが有効性を感じられるようにひと工夫を

　中学年以降では「このツールを使うと便利だ」と子どもたちが実感できるとよい。思考を広げたり整理したりするためには図や表が有効となるが，最初から「これでやりなさい」と指示するのではなく，ある程度ツールなしで取り組んでみてから「これで整理するとどうかな？」と渡すとよい。そのツールがどんな時に便利なのかを理解できるため，主体的にツールを活用できるようになる。例えば，次頁の表は異学年の共有スペースに何を置くかをしぼりこむ話し合いで活用した表である。この表は学び合いの最初から渡すのではなく，候補にあがった物を比較したが，どれも一長一短あるためうまく決められないと子どもたちが感じ始めた段階で紹介した。表で整理したため

に比較結果を全員が納得したという経験がツールの有効性の実感につながったようで,その後別の場面でも自分たちで表を書いて比較している姿が見られた。

共有スペースに置く物 \ しぼりこむ観点	テーマに対する重要度	だれもが安全	だれもが快適	だれもが便利	実現しやすさ
ホワイトボード	◎	○	○	◎	○
画用紙	◎	○	○	◎	◎

話し合いで使ったマトリクス

❸高学年　より深い思考・判断を支えるために

　高学年になると,話し手や書き手の意見がどのような理由や根拠に支えられているのかを分析的に捉えたり,それらが納得できるものかを判断したりすることが求められる。全員がそういった深い思考・判断ができるようになるためには,ツールが有効となる場合が多い。右図は討論型の話し合いをした際に,相手の意見は説得力があるか判断しながら聞くことをねらって活用したツールである。相手の意見の理由を分析的に聞いた後,◎○△×で納得できる理由であったかを判断している。自分がどのような思考・判断をしながら聞いたのかが可視化される。ツールを用いて友達と互いの判断を交流することで,さらに考えが深められる。

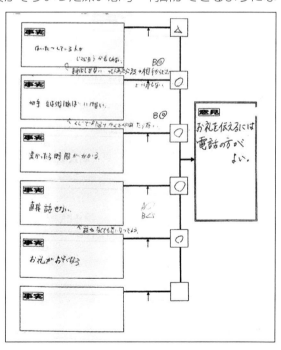

フロー図

4 ツールを取り入れた単元全体の流れを考える

❶1つのツールを単元を通して活用する

　右の写真は，ピラミッドチャートを使って，教科書に書かれた「白鷹さん」という職人の人物像をまとめたものである。この単元では，全員共通で「白鷹さん」についてまとめ，その後，自分が図書館から選んできた本の職人や技術者について，それぞれが読み取った人物像をピラミッド

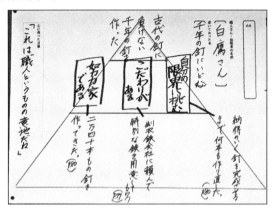

ピラミッドチャート

チャートにまとめるという活動に取り組んだ。このピラミッドチャートを用いながら友達に人物紹介をしたことで，なぜそのような人物だと考えたのか根拠を明確にしながら伝えることができた。このように，1つのツールを，まず全体での共通学習で活用し，その後で個別の資料での学習で応用するという単元の流れは有効な方法の1つである。

❷ポイントに合わせて複数のツールを活用する

　単元の中で，いくつかの思考の可視化ツールを活用するという方法もある。子どもの思考過程に合わせて，それぞれの思考が明確になる，あるいは，豊かになるように思考の可視化ツールで支えるのである。その際，気を付けることの1つ目として，子どもたちの思考が受け身にならないように配慮したい。教師が思考の可視化ツールを通して示す思考方法に従えば進められると子どもたちが判断してしまうと，自分から考えようという主体的な態度が失われてしまいかねない。場合によっては，子どもたちがある程度自由に考えてから思考の可視化ツールを提示するようにしたい。気を付けることの2つ目は，思考の可視化ツールの説明にあまり時間を割かないで済むようにする

ということである。そのためには，単元内で2種類くらいまでにするとか，年間を通じて少しずつ使えるツールを増やしていくとかといった配慮が必要である。

コラム あると便利な道具紹介① **付箋紙**

　最もよく使われて便利な道具が付箋紙であろう。付箋紙にコメントを書いて渡し合うだけでも，学び合いの起点となる。付箋紙にそれぞれの意見を書いてアイデアを膨らませたり，それらを整理してグループの考えをまとめていくようにする。付箋紙を貼るのは，表や座標軸だけではなく，実際の写真や地図，時には白紙に貼っていくことも考えられる。話し合いで付箋紙を活用する場合は，必ず意見を言いながら貼るようにさせる。その際，付箋紙を読み合う活動にならないよう，あまり多くの情報を書かないようにさせる。ちょっとした工夫であるが，下図のように付箋紙の表面に意見を，裏面にその理由を書くようにさせるとよい。情報量を減らしつつ，理由を再度確かめたい時にはめくって裏を見ればよい。

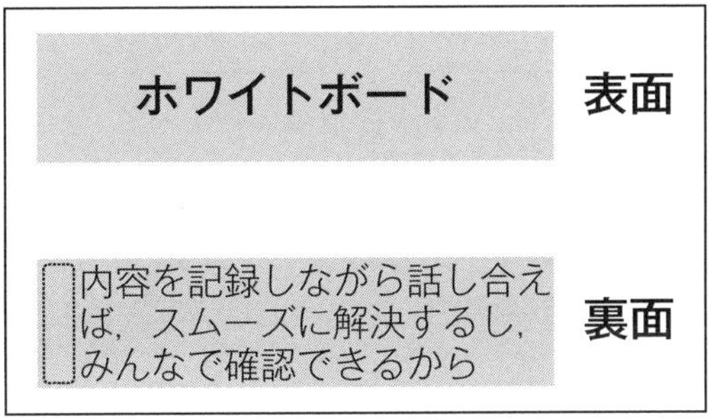

ホワイトボード	表面
内容を記録しながら話し合えば，スムーズに解決するし，みんなで確認できるから	裏面

付箋紙の両面

Chapter2　準備編　学び合いの授業で使える！思考の可視化ツールの種類と活用法　23

5 次々に新しいツールを取り入れない

　現在，図によって思考を可視化するツールは「シンキングツール」「思考ツール」等，様々な名称で開発が進められている。フロー図やベン図等の馴染みのあるものから，ピラミッドチャート，ボーン図，熊手図，マンダラ図，ポジショニングマップ…等々，挙げ出せばきりがない程である。それらのツールを次々に与えてしまったら，子どもたちが使いこなせるようになる前に，どんなツールだったかも分からなくなってしまう。そこで，次の2つのことを意識して取り入れるようにしたい。

❶同じツールを様々な場面で活用する

　具体的には次節で紹介するが，読むことの学習で使ったツールを書くことの学習や話すこと・聞くことの学習などの別の領域の学習でも使ったり，同じ領域の学習で繰り返し使ったりすることが大切である。もちろん他教科等の学習でも積極的に生かしていきたい。年間を通して発想させる時はこのツールを使おう等と決めておくとよい。

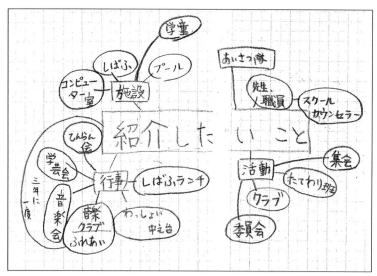

イメージマップ

❷**同じツールを一部簡略化したり，発展させたりする**

　他の人が考えたツールだからといって，そのまま使わなければいけないというルールはない。右図は，1年生でも使えるようにベン図から重なりをなくして簡略化したツールである。簡略化した一方で，比較の対応がしっかりできるように線でつながせるようにした。「違うところ見つけた」「まだあるよ」と楽しみながら，発見した違いをどんどん書き出していくことができる。このように簡略化して使えるようにした後で，2つの輪を重ねて共通する部分を作り，ベン図へと発展させるのである。

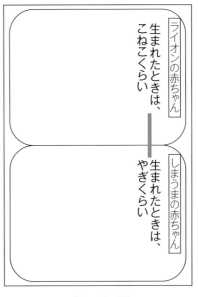

プレ・ベン図

> **コラム**　あると便利な道具紹介②　**タイムタイマー**
>
> 　学び合いの際には，活動時間は何分かを子どもたちに伝えることが大切である。低学年ではタイムタイマーという残り時間が色のついた箇所の大きさで示されるタイマーを使うと，どの子も感覚的に残り時間をつかむことができる。限られた時間の中で充実した学び合いをさせるためには，時間を見ながら取り組む姿勢を身に付けさせることも大切である。

（北川雅浩）

2 思考の可視化ツールの特徴と使い方

1 フロー図

❶このツールの特徴

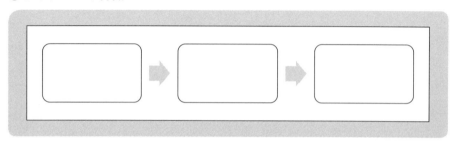

　フロー図は，順序を検討する際に用いるツールである。ここで言う順序とは，時間的な順序だけでなく，事柄の順序も含む。低学年から様々な場面で活用することができる。

❷活用例と留意点

<u>話し合うことでの活用</u>

　高学年では，計画的に話し合う力を育てることが求められる。このフロー図を使って，まずはどのように話し合いを進めるかについて話し合わせたい。その際注意したいのが，あくまで計画であるので，必要に応じて計画を修正してもよいことを子どもたちに理解させておきたい。

右の写真は、グループで行うブックトークについて話し合う際に用いた思考の可視化ツールである。紹介の方法に加えて、その順序にした意図を書き込みながら全員参加で納得のいくブックトークの展開を考えることができた。

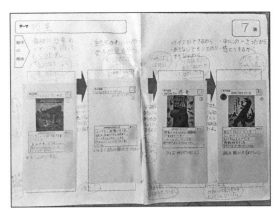

グループブックトーク

書くことでの活用
　構成を考える時に使うとよい。低学年では短冊に文を書いて順番を並べ替えたり、いらないものを取り除いたりすることが多いと思うが、この短冊を使っての活動がフロー図の活用の初歩段階であると考える。中学年以降では、各段落の要点を書き込んで、順序を検討するようにしたい。

読むことでの活用
　中学年であれば、段落の要点を書いていき、文章全体における段落相互の関係を捉えるという学習で活用できよう。高学年では、そこから筆者の述べ方や根拠や事例の用い方の意図を探るという学習も可能である。右の写真は、文学的文章「海の命」で、それぞれの登場人物が中心人物の成長にどのような影響を与えたかを図にまとめたものである。これもフロー図の一種であると言える。

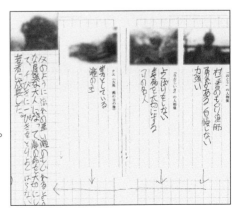

「海の命」ワークシート

2　ベン図

❶このツールの特徴

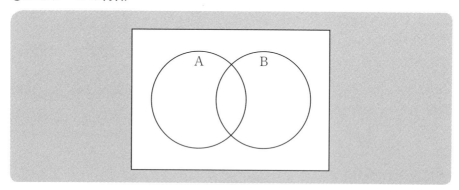

　ベン図は，重なりを共通点，ズレを相違点として捉え，共通点と相違点を表していく図である。新しい学習指導要領では，低学年の〔知識及び技能〕に共通点と相違点の理解が入っており，ベン図を使って視覚的に理解を深めることは，今後さらに求められてくるであろう。

❷活用例と留意点

ベン図の取り入れ方の工夫

　はじめからベン図を単元の学習の中で使うのは難しいので，身近な物や人を比べて共通点と相違点を探してみるといった活動を織り交ぜると効果的である。先述したように，まずは一部を簡略化して取り入れるのもよいだろう。無理なく取り組めるように配慮したい。

似ているものは違いを，違っているものは共通点を

　ベン図のおもしろい活用の仕方として，重なりを大きくしたり小さくしたりして操作するという方法がある。筆者は，子どもたちに常々，似ているものは違いを見つけなさい（重なり大，ズレ小），違いが大きいものは共通点を探しなさい（重なり小，ズレ大）と言っている。これは読みの交流の進め方でも大事になってくるのだが，違いからは「なぜそう考えたの？」という尋ね合いが生まれるし，共通点からはキーワードや大事なポイントが見つか

るからである。重なりを操作することで，今，どっちの状態なのかが分かりやすいし，子どもたちはとても幅の狭い重なりやズレを一生懸命に探そうとする。

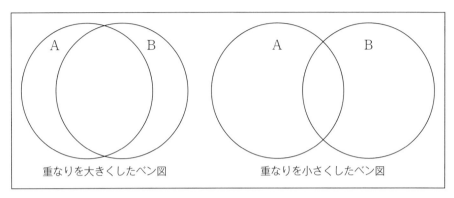

重なりを大きくしたベン図と小さくしたベン図

読むことの授業での活用例

　重なりを大きくしたり小さくしたりしたベン図を生かして，読むことの学習で登場人物比べの活動に取り組んでみたい。例えば，「ごんぎつね」の「ごん」と「兵十」を比べたらどうだろうか。おそらく子どもたちは重なりの小さいベン図を選ぶであろう。人間とキツネ，友達がいる，友達がいない…と多くの違いを見つけてくると思われる。この活動を2人組で取り組んでもおもしろいだろう。そして，共通点には「ひとりぼっち」を入れることが考えられる。そこから，「ひとりぼっち」というだけの共通点のために，つぐないを続けたごんの意味を考えさせるのである。ごんにとっての「ひとりぼっち」，「ひとりぼっち」がつらいのを知っていながら「ひとりぼっち」にさせてしまったというごんの思い…多様な解釈が生まれ，読みがさらに深まっていくきっかけとなる。

3 ピラミッドチャート

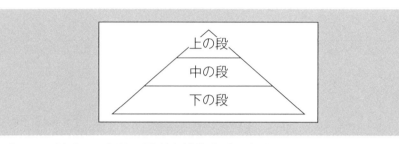

　ピラミッドチャートは，思考を構造化するためのツールである。下の段に根拠，中の段に理由付け，上の段に主張を入れたり，上に向かうにつれて抽象化したり下に向かうにつれて具体化したりして使う。

❶このツールの特徴

取り入れ方の工夫

　3段に抽象度を上げていくことが難しいようであれば，初めのうちは2段にして活用するとよい。上から下ろす時に「例えば」や「なぜなら」と言ったり，下から上げる時に「つまり」や「だから」と言ったりしながら伝え合う活動を繰り返すことで，上下の関係がつかめるようになる。

❷活用例と留意点

主張と根拠や事例の関係を整理する

　自分の考えを主張するスピーチや意見文を書く学習で，自分の主張とそれを支える根拠や事例の関係を整理する際に用いると効果的である。意見文を読む時には，主張と根拠や事例の関係を整理して，筆者の論の展開を読み取っていくために活用することができる。

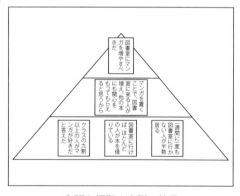

主張と根拠や事例の整理

30

調べるテーマをしぼりこむ

　本を使って調べる学習では自分のテーマをしぼりこむ際に用いることもできる。例えば，上段に「くじら」と入れ，中段に「へそ」「歯」…等と入れてしぼりこむ。しぼりこんだら下段に「どこにあるか」「どうやって切れるのか」…等と問いの言葉を書いていく。すると，「くじら」の「へそ」は「どこにあるのか」と調べたいことがはっきりする。

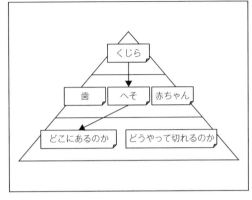

調べるテーマをしぼりこむ

活用例：人物像を捉える

　このピラミッドチャートを用いて，新しい学習指導要領の高学年に設定された「人物像」を捉えるという学習に取り組むことも有効である。

　その際には，下の段に具体的な出来事や人物の発話等の事例，中の段には事例に対しての自分の評価や思ったこと，上の段には中の段をまとめてどんな人物だと言えるかを書く。この方法は，伝記等でも使えるし，文学的文章の登場人物を対象にすることもできる。

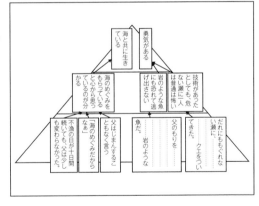

人物像のピラミッドチャート

4 マトリクス

❶このツールの特徴

	視点①	視点②	視点③
A			
B			

　視点ごとに整理していくツールである。漏れがないかを確かめたり，パッと比べたりできるのがメリットなのだが，比較のための視点を見つけるのが子どもたちにとっては難しいところである。下の学年のうちは，視点は教師と共に設定する等の手立てが必要である。

❷活用例と留意点

他のツールと組み合わせる

　学び合いで最初からマトリクスを活用すると，豊かな発想が得られにくい。まずは別のツールやホワイトボードに自由にどんどん書き出していき，その後でマトリクスに整理してまとめるという2段階での使い方が効果的である。

アイデアを比べて決定する際に活用する

　いくつかのアイデアが出され，その中から1つを選んで決めるような場合に，マトリクスは有効である。比較する前提として，それぞれのアイデアについて全員が理解を共有していることが大切である。また，比較する際には，何のために選ぶのかといった目的を意識させることが重要である。そうすることで，比較の視点の中で，目的の達成に特に関連のある視点はどれか考えることにつながる。

討論のまとめとして活用する

　討論は，なぜそう考えるのかを尋ね合いながら，互いの考えを深めていく

ための言語活動である。必ずしも集団の意見を1つに決める必要はないため，ややもすると終わり方が難しいという声が聞かれる。私は，討論で2つの立場に分かれて話し合った後，それぞれの立場や考え方のよいところや心配されるところを表にまとめるようにしている。すると，どちらの意見が優れていると競い合うような口論ではなく，協力して考えを深めようとする態度も養うことができる。

> **コラム** あると便利な道具紹介③　**学習の手順を示す掲示物**
>
> 　学び合いでは，子どもたちが自分たちで学習を進めるため，子どもたちが進め方を理解している必要がある。とはいえ，学び合いの前に教師が長々と説明をしてしまうと，せっかくの子どもたちの学習への意欲が下がってしまう。そこで，学び合いの流れを示すボードを作成し，自立的な学習を支援するとよい。いつも同じ位置に貼ることで，どの子も自信をもって進められる。
>
> 　また，中学年までは，2人組での簡単な学び合いを繰り返すことが有効である。そのため，私は「お隣さんからお向かいさん」というシートをいつも用意しておき，スムーズに学び合いができるようにしている。
>
>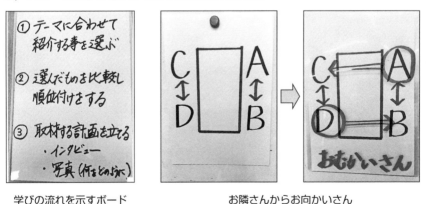
>
> 　　学びの流れを示すボード　　　　お隣さんからお向かいさん

5 ホワイトボード

❶このツールの特徴

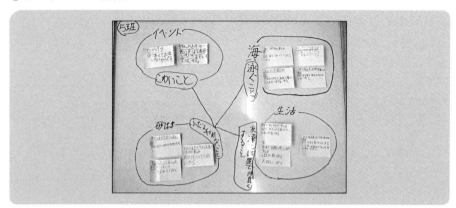

　白紙の状態から書き始めるので，自由度の高い思考の可視化ツールであると言える。教室に，いつでも使えるホワイトボードを常備しておきたい。使い慣れれば，思考の可視化ツールでの学び合いが短時間でできるようになり，グループ活動の評価もしやすくなる。その際，何のためにホワイトボードに書くのかをはっきりさせないと，丁寧に仕上げることに集中してしまい，肝心の学び合いがストップしてしまうことが心配される。

❷活用例と留意点

サイズとマーカーの選び方

　グループでの学び合いのためには，できればＡ２サイズぐらいのホワイトボードと３色マーカーを用意したい。サイズが小さいと，後で消すこともできるのでとりあえず書き出してみようというホワイトボードのよさが出しにくくなり，どうしてもまとめた意見やキーワードのみを書かざるを得なくなる。また，３色マーカーの使い方は，人で色を分ける方法と，内容で色を分ける方法とがある。人で色を分ける方法は，各自が別々の色で書き込む。誰が何を書いたかが後からでも分かるため，個人がどのように関わったのかを捉えたい場合には有効である。内容で色を分ける方法は，例えば，意見は黒

で書き，青で囲ったり矢印や言葉を書いたりして分類や関係づけをする。赤は，共通する部分やキーワードをマークしたり，まとめを書いたりするのに用いる。内容で色を分ける方法は，子どもたちがマーカーの色を意識することで，話し合いをどう進めるかについての意識も高まるというメリットがある。

付箋紙とセットが便利

速く短く書くことができないと，ホワイトボードに書く時間が思考を妨げてしまうことに陥りやすい。それを軽減するために，個人の意見は予め付箋紙に書いておき，言いながら付箋紙をホワイトボードに貼らせるとよい。中学年では，ホワイトボードに書きこむのは囲みや矢印を書く，ラベルを付けるぐらいが適している。

デジタルカメラで記録に残そう

ホワイトボードの難点として，消さなくてはいけないということがある。そこで，掲示したり後でふり返ったりするために使う場合には，デジタルカメラで写真に撮っておくとよい。後になって評価の材料として活用することもできる。

コラム あると便利な道具紹介④　コールサイン

学び合いでは，終わるまでの時間にグループ間の差が出る。子どもたちが途中で分からないことを教師に聞きにくることも多い。「先生，終わりました！」「先生，ちょっと来て！」と騒がしくならないように，右の写真のように，色違いの紙コップ等でコールサインを作っておくと便利である。

コールサイン

（北川雅浩）

6 タブレット

❶このツールの特徴

子どもの意見等を集約するような場面では、タブレット端末は、ノートやワークシートを集めるのとは別次元の効果を得られる。また、録音・録画機能で子どもの学習活動を様々な形で記録していくことができるのも魅力の1つだ。

❷活用例と留意点

活用例

・プレゼンテーション作成アプリを利用して発表資料を作成し、スライドを提示しながら発表する。
・物語文を範読した後、初発の感想を子どもに発表させ、思考ツール作成アプリを利用してマインドマップにまとめる。
・学級内 SNS や Wiki を利用して、子どもが書いた文章をお互いに読み合い、コメントをつけ合うことで、推敲に役立てる。

留意点

タブレットを活用する際は、どの教科の授業においてもそうだが、「本当にタブレットを活用しなければ得られない効果」を吟味しなければならない。具体的には「共有・交流が容易になる」こと、「紙に書いたものよりも可能性を広げる」ことが考えられる。画用紙に書いて発表するよりスライドを作って大画面に映して発表する方がより見えやすい形での発表になる。あるいは、マインドマップなどは顕著な例だと思うが、紙に書いたものだと編集が難しいが、タブレット上で作成したものであれば後から分類を変更したりすることは容易である。

7 録音・撮影・録画

❶このツールの特徴

録音・撮影・録画を行えるツールはたくさんある。録音であればICレコーダーを，撮影や録画であればデジタルカメラやビデオカメラを使うことができる。タブレット端末であればどちらもこなせる。いずれにしても，用途をよく検討すれば，子どもの学習の様子を記録したり共有したりするのにこうした機器は非常に役立つ。

❷活用例と留意点

活用例

・子どもの朗読や群読を録音し，（できればヘッドフォンを用いて）再生して聞かせることによって，自分の朗読や群読を改善させていく。

・インタビューの様子を撮影して，上手にできたかどうかを検証する際に利用する。

・授業中の活動の様子やノート，板書等を撮影し，印刷して貼り出すことにより，子どもが単元の軌跡を自然にふり返るような環境を構築する。

・図工の作品を撮影し，それに寄せる解説文や紹介文を書かせる。

留意点

教師の記録用に録音・撮影・録画をするなら，専用のレコーダーがあれば事足りるが，子どもと共有するためには大型のディスプレイに映したりスピーカーに繋いだりする必要がある。教室環境次第では，映すためのアダプターやケーブルが必要になったりすることもあるので，利用前によく調べておかなければならない。

（鈴木秀樹）

Chapter3
実践編
思考の可視化ツールを活用した学び合いの授業プラン

1
第1学年

カードで取材の方法を意識させる

単元名：ことばれすとらんでかこう

時期：1学期　領域：書くこと　時間数：全5時間
関連教材：「おもいだしてはなそう」（光村図書1年上）
　　　　　「こんなことをしたよ」（光村図書1年上）

1
思考の可視化のポイント

❶**毎日の学校生活の中で話す内容を考え，カードで言葉にしていくことを意識させる**

　したことを順序に沿って書くために，朝の会でのスピーチで順序に沿って話すことを行う。言語学習の入門期である1年生にとっては，まだ文字が書けないので，話すことによってのみ自己の思考を言語化することができる。しかし，どのように話すのか整理できていない場合が多い。そこで，話す際に話すことの順序を書いたカードを掲示しておくことで，子どもはカードを見ながら思い出して話すことができる。ここで，順序を意識して話すことを習慣づけ書くことにつなげていく。

 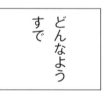

❷**書くために必要な言葉を集めてことばのメニューにする**

　語彙に乏しい1年生に少しでも，思い出したことを言語化して表せるように，例えば「いつ」（時を表す言葉）が「きのう」「おととい」「このまえ」など具体的に言葉を出し合い，それを「ことばのめにゅう」としてまとめることで，書くことに必要な言葉を増やすことができる。「めにゅう」というかたちにすることで，楽しそうだなという気持ちをもたせる。

❸経験したことの中から，付箋で書くことを決め，順序を考えながら言葉を選ぶ

　書く事柄を決め，構成表に付箋（あるいは短冊メモ）を貼り付けていくことで，書こうとする題材に必要な事柄が集まったかどうか見ることができる。付箋（短冊）を色別にすることで構成を可視化しやすくなる。例えばオレンジ（だれと）がぬけているから入れようと気付いたり，隣の人と読み合う中で「この言葉は，こっちに変えた方がいい」というように言葉を選んだりしやすくなる。付箋を貼り替えるだけなので構成を考える上でも便利である。

2
単元のねらいと概要

　「書く」ことは，自己の思考を具現化する上で重要な手段と考える。今後の書くことへの活動につなげていけるように，経験したことを思い出して書くことや，言葉の書き方や書く順序のパターンを知ることをねらいとした単元である。

　書く内容は，朝の会のスピーチで話した「きのうしたこと」や，最近したことで担任やクラスの友達に話したいこととした。「いつ」「どこで」「だれと」「なにをした」「どんなようすで」「どうおもった」を入れて書けるように「ことばのめにゅう」を使ったり，対話から補ったりして書くこととした。

3
主な評価規準

○経験したことから書くことを決めている。　　　　　　　　　（書くこと　ア）

○書きたいことが分かるように，事柄の順序に沿って簡単な構成を考えている。　　　　　　　　　　　　　　　　　　　　　　　　　　　（書くこと　イ）

○語と語や文と文との続き方に注意しながらつながりのある文や文章を書いている。　　　　　　　　　　　　　　　　　　　　　　　　（書くこと　ウ）

Chapter3　実践編　思考の可視化ツールを活用した学び合いの授業プラン　**39**

○書いたものを読み合い，よいところを見つけて感想を伝え合っている。

（書くこと　オ）

⋯⋯⋯⋯⋯⋯⋯⋯⋯⋯⋯⋯ 4 ⋯⋯⋯⋯⋯⋯⋯⋯⋯⋯⋯⋯
単元のイメージ

学習過程		学習の流れ
第一次	取材 書くことを決める，書くことに必要な言葉を考える	第1時　学習のめあてを知り，学習の見通しをもつ。　…❶ したことをおもいだして，ともだちにかいて　しらせよう。 ○朝のスピーチから今までしたことを思い出す。 ○例文から書き方を理解する。 第2時　言葉あつめをする。　…❷ おもいだしたことをともだちに，つたえることばをかんがえよう。 ○「いつ」「どこで」「だれと」「どんなようすで」「なにをした」「どうおもった」にあてはまる言葉にはどういう言葉があるか考える。
	構成 書くことを整理する	第3時　最近したことを思い出して，書くことの順序を考える。　…❸ したことをおもいだして，みよう。 ○どのような言葉を使ったらよいか，ことばのめにゅうや友達との交流を通して考えながら簡単な構成を考える。
	記述，推敲 書く，見直し	第4時　構成カードを見ながら，したことを書く。 したことをおもいだして，かこう。 ○書いた文を読み返し，間違いなどあれば，直していく。
第二次	交流 読み合い	第5時　書いた作品を友達と読み合い，よいところを見付けて感想を伝え合う。　…❹ よかったところを　つたえあおう。

40

5
単元全体の思考の可視化のポイント

❶学習のめあてを知り，流れを理解する

　今までは，話すことが主であった活動から書くことをしていくことを知る。内容は，朝のスピーチと同じなので，したことをカードに書いてある順番を見て文章を書く。各時間のめあてを話し，書いたものを前に貼ることで，学習の流れが分かるようにする。「めにゅう」は，レストランで使う言葉で，「ことばれすとらん」で，ことばめにゅうを使って文作りをしてみようという誘いかけに子どもは興味を示した。

❷ことばのめにゅうを作り，言葉を増やす

　1年生の初期は，「きのう」「きょう」という言葉が「いつ」を表す言葉であることは，大方理解しているがそれ以外の言葉は使いこなせず，「きのうのきのう」「あしたのあしたのあした」という発言も見られる。書きたいことを書くために必要な言

ことばのめにゅう

葉を知ることで，相手に伝えやすくなる。しかし，友達との交流の中で聞いた言葉をすぐに覚えられないことも多い。そこで，出た言葉を「めにゅう」にし，いつでも使えるように整理することで書くことの手助けになるようにした。

❸付箋による構成の可視化

　簡単な構成を考える上で，色の違う付箋を使って「いつ」「どこで」「だれが」「なにをした」「どんなようすで」「どうおもった」が入るように言葉を書いた付箋をカードに貼っていく。付箋を見合う中で足りない言葉や，より詳しくなるような言葉を考えやすくする。付箋は貼り替えることが

できるので，構成作業もやりやすくなる。

❹**作品を読み合い感想を出し合う**

　書いたものを読み合うことで，友達が何をして，どんなことを思ったのかを知ることができる。まだ，書かれていることを読むことは1年生には苦手なので，自分の作品を声に出して読むことで相手に内容を理解してもらう。

　「○○できて，よかったね」「ぼくもやってみたいな」というような感想を出し合い，付箋に書いて作品に貼ることができると，相手の思考が可視化され，交流の結果を知ることができる。

6

本時の流れ（3時／全5時間）

時	学習活動	指導上の留意点
10分	○前時にしたことを確認し，本時のめあてについて知る。 …❶	あつめた言葉を使ったり，自分で考えた言葉を使って思い出して，構成カードに貼り仕上げることを伝える。
	かくことをきめてじゅんばんをかんがえよう。	
25分	○何をしたことを書くかを決め，思い出した順に付箋を貼っていく。 ・思い出したことを，「ことばのめにゅう」に載っている言葉から選び順序よくカードに貼る。 …❷ ○カードを見ながら，「したこと」を隣の席の人に話す。	「いつ」「どこで」「だれと」「なにをした」「どんなようすで」「どうおもった」に気を付けて，思い出させる。 したことの言葉が，「めにゅう」にない時は，自分で言葉を書くか，教師が書いて作る。 聞く人は，最後まできちんと聞くことを伝える。聞いた後，質問したいことがあれば，質問し，抜けているところを足す，おかしいところがあれば，直すことをお互い行う。
10分	○数名が発表して，本時のふり返りをし，次時（記述）の見通しをもつ。	様子や，思ったことが入っているものを聞くことで，付け足したいことがあればカードに貼り足せるようにする。

Chapter3　実践編　思考の可視化ツールを活用した学び合いの授業プラン　**43**

7
本時の思考の可視化のポイント

❶本時の学習の仕方を可視化で理解する

　文章構成をする手立てとして，色別付箋で，書く事柄を整理していくので，いつ（黄）どこで（青）だれと（だれが）（橙）なにをした（緑）どんなようすで（どんなことをして）（薄黄）どうおもった（桃）のように付箋の色で書く事柄を指定し，黒板に色短冊を提示して全員が理解できるようにする。

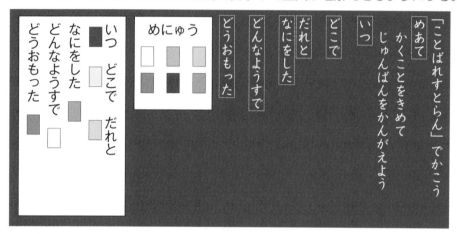

❷自分でカードに言葉を書いた付箋を貼っていくことで構成を確認しやすくする

　付箋を色別にすることで，整理した時に全ての事柄が入っているか確認しやすく，入ってない時には，足すことが可能か（場合によっては不要なので）考えることができるようにする。これは，自分だけでなく，友達も視覚で確認することができ，質問や助言がしやすくなる。

8
評価の工夫

❶友達どうしの交流の中で評価し合う

　1年生は，相手が書いたことを読むことは，なかなか難しい。そこで，自分の書いたことを相手に読んで聞かせ，感想を言ってもらうことで，自分の書いたことが相手に伝わったかどうか，よく書けていたか評価していく。ただ，感想を聞いただけでは，すぐに忘れてしまうし，教師もどのような交流がなされたか見取ることができない。そこで，付箋に感想を書いて貼るようにする。はじめは文も短く感想を書く方も「よかったね」「おもしろそう」など，少ししか書けないが，書くことの経験を重ね交流を繰り返す中で，どこが，どのようによかったのか，自分の経験と比べてどうかなど書くことができるようになってくる。交流を通して相手を評価することができる

❷毎時間のふり返りをする

　毎時間の学習の終わりに簡単な評価カードでの 😊😐😣 マークによる学習のふり返りを行い，評価させた。1年生は◎○△のようなものより，顔キャラクターの方が，ふり返りやすいのではないかと思う。

　できたかできないかの簡単な評価であるが，自己評価でき，次時の学習もがんばろうという意欲にもつながると考える。

（富安裕江）

Chapter3　実践編　思考の可視化ツールを活用した学び合いの授業プラン　**45**

2 第1学年

表で学習過程を可視化し，見通しをもつ

単元名：おきにいりのほんをしょうかいしよう

時期：2学期　領域：読むこと（文学的文章）　時間数：全11時間
関連教材：「おとうとねずみチロ」（東京書籍1年下）

1
思考の可視化のポイント

❶学習することを可視化する

単元の導入において，この単元でどんなことを学習するのか，教師の例文を提示し，説明する。この単元では「お気に入りの本を紹介する」ことがゴールである。教師が，子どもに紹介したい本のカードを提示し，子どもが「やってみたい」というような，学びに向かう姿勢を醸成させる。

❷単元の導入から終末までの見通しをもつ

学習計画を提示する。終末までの見通しをすぐに理解できるように，教室掲示用に拡大したものを用意しておく。学習過程を可視化しておくと，1年生なりに「今日は，この学習をするのだな」と自分なりのめあてをもって学習することができる。（資料1）

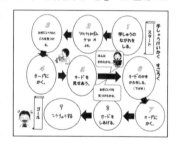

資料1　掲示用単元計画

❸学習段階と学習のふり返りの可視化

1単位時間で学習する内容（学習過程）と学習のふり返りが1枚でまとめられるワークシートを活用する。これにより，子どもが「この時間で何を学習するのか」，それに対して「この時間でどんな力が身に付いたか」を合わせてふり返ることができる。（資料2）

資料2　児童用学習計画

46

❹自分の考えの可視化

　この学習では，「お気に入りの本を紹介する」という学習活動を行う。そのために，子どもは，各自，学習と同時進行で読書し，読んだ本の中から紹介する本を選ぶ。子どもは，読んできた本の題名・作者名・心に残った場面をワークシートに記録しておく。さらに，「お気に入り度」を星の数で表せるようにしておく。これにより，子どもが読んできた本の内容をすぐにふり返ることができ，星の数の多さでお気に入りの度合いが分かり，紹介したい本を選ぶための手立てとなる。

―――――――――――――― 2 ――――――――――――――

単元のねらいと概要

　本単元は，お気に入りの本の「紹介カード」を書いて学校図書館に置くことを目的にして学習に取り組む。一番付けさせたい力は，「読むこと」で付けた力を活用し，子どものお気に入りの本についての紹介文を書くことである。学習後は前述した通り，紹介した本と「紹介カード」を学校図書館に展示する。相手意識はクラスの友達と他学年の子ども，保護者，目的意識は自分のお気に入りの本を紹介することである。

　共通教材である「おとうとねずみチロ」において「お話を読んでお気に入りのところを紹介する」という目的で読み取りを行い，相手に自分のお気に入りのところを正しく伝えることができるか，確かめながら進める。その後，子どもが，各自お気に入りの本を探し，共通教材で学習した方法で読み，自分のお気に入りの本を紹介する。今後は「おもいでブックをつくろう」の単元で，1年間の思い出をふり返り，お家の人に紹介する文章を書くことにつなげていく。

―――――――――――――― 3 ――――――――――――――

主な評価規準

〇伝えたいことが明確になるように，事柄の順序に沿って簡単な構成を考えている。　　　　　　　　　　　　　　　　　　　　（書くこと　イ）

〇文章の内容と自分の体験を結び付けて，感想をもっている。（読むこと　オ）

Chapter3　実践編　思考の可視化ツールを活用した学び合いの授業プラン　**47**

4
単元のイメージ

学習過程		学習の流れ
第一次	課題設定	おきにいりのほんを　しょうかいしよう。 第1時　学習の見通しをもつ。　　　　　　　　　　　…❶ ○教師が書いた「紹介カード」を提示。 ○単元の学習計画を知り，学習の見通しをもつ。 ○お気に入りの本を選ぶために，様々な本を読み，読書カードに記録する。
第二次	共通教材で読み方を学ぶ	「おとうとねずみチロ」をよもう。 第2時　共通教材を大体を読む。 ○教師の読み聞かせを聞く。 第3～6時　チロの様子の変化を読む。　　　　　　…❷ ○本文を読んでおすすめしたいところを探しながら読む。 第7・8時　自分のお気に入りのところを紹介カードに書いて交流する。　　　　　　　　　　　　　　　　…❸ ○紹介語彙を用いて紹介する。 ○交流を通して物語のお気に入りのところの探し方を広げる。
第三次	自分のおすすめしたい本で紹介カードを書く	おすすめのほんの　しょうかいカードをかこう。 第9時　紹介する本を決める。　　　　　　　　　　…❹ ○同時進行で読んでいる本の中から紹介したい本を選ぶ。 第10時　紹介カード書く。 ○紹介カードの書き方を知る。 ○お気に入りの本を紹介するための「紹介カード」を書く。 第11時　交流をする。 ○紹介カードの仕上げをし，ペアで交流する。
	活用	○学校図書館に展示する。

5
単元全体の思考の可視化のポイント

❶学習に向かう前に，本単元での言語活動を可視化する

　子どもにとって，学校図書館は馴染みのある場所であり，たくさんの本があることも知っている。「学校図書館に，もっとたくさんのお友達に来てもらうにはどうしたらいいかな」と質問を投げかけると，「呼びかけのポスターを作る」等といった意見が出た。そこで，教師が，実際に子どもに書かせる「本の紹介カード」を提示し，「これを学校図書館に置いて，クラスや他学年のお友達，読み聞かせに来るお家の人に読んでもらいたいね」と子どもに提案する。これは，学習に向かう前に，本単元での言語活動を可視化することであり，書くことのモデルを実際に見ることで，子どもが「どんな学習をするのか」，「何のために書くのか」という，学びに向かう姿勢を醸成することができる。

　子どもが決めた本を相手に伝わるように書く活動を行い，学校図書館に来るクラスの友達や他学年の友達，保護者という相手意識を強くもつことにより，子ども自身が必要感をもって書くことに取り組むことができると考えられる。

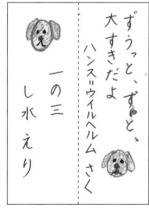

資料3　教師が提示した紹介カード表紙

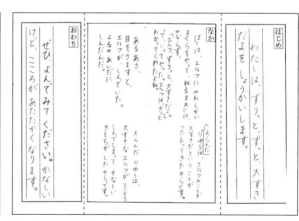

資料4　教師が提示した紹介カードの中身

❷共通教材での読み取りのやり方を可視化する

　本単元では「おとうとねずみチロ」を共通教材として学習する。1単位時間の学習の流れは以下の通りである。

　1　学習する場面を音読する。
　2　今日の場面で「お気に入りの場所」と「その理由」をワークシートに
　　書く。
　3　ペアで共有し，クラスのみんなに発表する。
　4　主人公の行動や気持ちを確かめる。
　5　主人公に言ってあげたい言葉を発表する。

　また，子どもは，この物語を読み，「お気に入りの場所」を伝える紹介カードを作る。一度全員で同じ物語の「紹介カード」を書き，共有することで，「同じお話を読んでいても，お気に入りの場所が違う人もいるのだな」「○○さんと，同じ場所がお気に入りだ」という子どもの気付きを醸成することができる。また，既習したことを生かして，子どもが，各自選んだ本を読み，「紹介カード」を書くことに生かすことができる。

❸自分の考えを伝えるための語彙を可視化する

　本を読んで思ったことを表す語彙，本を紹介するための語彙，友達の紹介の感想を伝えるための語彙を「ことばのたからばこ」として掲示する。

　1年生では，習得している語彙に差が見られる。学習に必要な語彙だけでなく，日頃の学習においても，新しく学習した語彙は可視化して教室に掲示しておき，子どもが語彙を習得する手立てにする。今回の単元では，以下の語彙を掲示した。

【ことばの　たからばこ】
・いちばん～　・おきにいり　・かわいい　・さいこう　・だいすき
・わくわく　・すばらしい　・たいせつ　・きになる　・ぐっとくる　・すてき
・かんどう　・はじめてしった

50

❹付箋を活用し，物語のお気に入りの場所を可視化する

　本単元では，一次で「お気に入りの本を紹介する」という単元の見通しをもったあと，すぐに，本を読み始め，子どもが紹介する本を選ぶ。そのために，図書館司書に協力してもらい，予め，子どもにあった物語の本を選書しておいた。（資料5）

　子どもは，紹介する本を選んだあと，共通教材で学習したやり方を活用し，本を読んでいく。その際，お気に入りの場所を見つけたら，大付箋に印をつけたり，書き写したりしておき，すぐに紹介したい場所が分かるようにしておく。

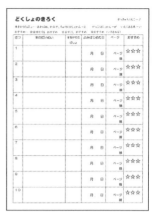

資料5　児童用読書の記録カード

6
本時の流れ（10時／全11時間）

時	学習活動	指導上の留意点
5分 （導入）	○本時のめあてを知る。 ○紹介カードの書き方を確認する。…❶❷	前時に提示したモデル文をふり返る。
20分 （展開）	ほんの　しょうかいカードを　かこう。	
	○本の紹介カードを書く。　　　　　…❸ ○書いた「紹介カード」を自分で読み，間違いがないか確かめる。	声に出して微音読したり，指で追ったりしながら確かめることを伝える。
20分 （まとめ）	○ペアで紹介カードを読み合い，交流する。	拍手をし，感想を一言伝えることを助言する。

Chapter3　実践編　思考の可視化ツールを活用した学び合いの授業プラン　51

※板書計画

・・・・・・・・・・・・・・・・・・・・・・・・・・・・・・ 7 ・・・・・・・・・・・・・・・・・・・・・・・・・・・・・・
本時の思考の可視化のポイント

❶モデルとなる文章の提示
　子どもが，お気に入りの本の紹介文を書くにあたり，モデルとなる文章を提示しておく。そうすることで，どのような事柄を書けばいいのか，見通しをもって書くことができる。

❷紹介文を書くために必要な語彙の可視化
　紹介文を書くために，どのようなことを書くのか説明する。その際，「ヒントカード」を用意しておく。それには，必ず書く文章だけ予め書いておき，子どもが各自選んだ本に関する事柄は空欄で示しておく。子どもによって紹介文を書くための語彙量に差が生じてしまうことがある。1年生のこの時期の書く力を育てるために大切なことは，「書いて楽しい」という達成感を育てることにある。まずは，可視化された「ヒントカード」を活用し紹介文の語彙を習得させる。

資料6　モデルとなる文章

資料7　ヒントカード

❸物語の引用文と自分の考えの可視化
　子どもが，紹介する本を決めた後，本を読んでお気に入りの場所を付箋で書き写しておく。それを活用し，物語の叙述に対して，どう思ったか，どう

してお気に入りの場所なのかをワークシートに書く。

　付箋紙には物語の引用文を書き，選んだ理由はワークシートに書くという区別を可視化することにより，子どもが，感覚で引用と感想の違いを理解することができる。

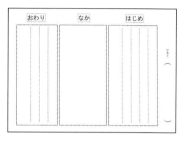

資料8　ワークシート

8 評価の工夫

❶ペア交流を自己評価に生かす

　でき上がった「紹介カード」をペアで交流する。その際，隣同士での交換も行う。付箋紙を活用し，友達の作品を読んで「いいな」と思ったところを，お手紙のような書き方で書いて伝える。

　この活動により，友達（他者）からの評価を受け，子どもが書いた作品に対し，

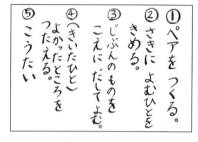

資料9　交流カード

「うれしい」「書いてよかった」という成就感を育むことができるだけでなく，「友達は○○がいいと言っていたけど，自分は違う」等といった，感じ方の違いに気付くことができる。

❷子ども自身による評価

　前述した「児童用学習計画（資料2）」に，学習した内容に対して，子ども自身がどのように評価するか◎○△のマークで示し，さらにふり返りを記述する。 1年生で，詳しい評価規準を子ども自身が作ることまでは難しいかもしれないが， 1年生なりに，その時間に学習したことに対してどのように評価するか，学習したことをふり返ることが，これから学年が進行し，国語の力を高めていく上で必要な力である。

（清水絵里）

第2学年

ロボットで重層的なプログラミング的思考を育成する

単元名:「ロボット大会」をひらこう

時期:3学期　領域:話すこと・聞くこと　時間数:全9時間
関連教材:「「おもちゃ大会」をひらこう」(教育出版2年下)

1
思考の可視化のポイント

❶プログラミング的思考

　次期学習指導要領では,総則で「児童がプログラミングを体験しながら,コンピュータに意図した処理を行わせるために必要な論理的思考力を身に付けるための学習活動」を「各教科等の特質に応じて」「計画的に実施すること」が求められている。所謂プログラミング教育である。

　「各教科等の特質に応じて」と書かれている以上,国語でも考えないわけにはいかないだろうが,これまでの国語教育で特に研究されてきたテーマというわけでもなく,どこから取りかかればよいのか困っているというのが教師の側の実感ではないだろうか。だが,「コンピュータ」とか「プログラミング」といった単語に惑わされずに見ていくと,実はこれまで国語教育が取り組んできたこととそれほど距離があるわけではないことが分かる。

　プログラミング教育において身に付けさせたいのは,「コンピュータに意図した処理を行わせるために必要な論理的思考力」である。これについては,「学習指導要領解説総則編」で以下のように説明されている。

　「自分が意図する一連の活動を実現するために,どのような動きの組合せが必要であり,一つ一つの動きに対応した記号を,どのように組み合わせたらいいのか,記号の組合せをどのように改善していけば,より意図した活動に近づくのか,といったことを論理的に考えていく力」

　「動き」「記号」といった言葉に多少の引っかかりを感じるかもしれないが,

例えば「活動」を「発表」,「動き」を「説明」,「記号」を「言葉・文」に置き換えたらどうであろうか。

「自分が意図する一連の発表を実現するために,どのような説明の組合せが必要であり,一つ一つの説明に対応した言葉・文を,どのように組み合わせたらいいのか,言葉・文の組合せをどのように改善していけば,より意図した発表に近づくのか,といったことを論理的に考えていく力」

これは,説明の順序を考える国語の活動そのものではないだろうか。このように読み替えていくことで,プログラミング的思考の育成を国語の中で実現することは十分,可能であると考えられる。

コンピュータで作成するプログラムは言わばどのように思考したかを可視化しながら作成するものだから当然として,説明の順序を考える活動においてもカードやホワイトボード等のツールを効果的に活用することによって,子どもの思考の過程は容易に可視化し得るだろう。

❷ ICT による思考の共有

教室にどのような環境があるかによって違ってくるが,ICT は思考の可視化ツールになり得る場合が多い。書画カメラ1台でも,1人の子どもがノートに書いたことを全員で共有するのに役立つし,1人1台タブレットを持つような環境であれば,全員が書いたノートを即時に全員が自分のタブレットで共有し合うといったことが可能である。

無理をして使うことはないが,検証を重ねて効果が見込まれるのであれば,ICT 機器は積極的に導入すべきだろう。

❸ 何によって自分たちの思考は可視化されるかを考えさせる

発表する際は,様々な道具の利用が認められている。例えばプログラムの特徴について述べる時は,プログラムそのものを大画面に表示することもできるが,小型のホワイトボード上にプログラムの手順を貼り,それを組み替えることで説明することも認められている。多様な発表方法が用意されていることと,「自分たちの発表を聞いている人にきちんと伝えたい」という思いが合わさると,子どもは「何を使えばより分かりやすい発表になるか」を

Chapter3 実践編 思考の可視化ツールを活用した学び合いの授業プラン **55**

考えることになる。これは自分たちの思考をどのように可視化すればよいかを子ども自身が考えることに他ならない。

2
単元のねらいと概要

本単元では，まずこれまでのロボットの作成やプログラミングの経験から，発表する題材を選ぶ。その上で，ロボットの作成方法や，プログラミングで工夫したことを，どのような順序で話せば相手に伝わるか，どういった情報が必要でどういった情報が不要か，それをどのような順序で話せば相手に伝わるかについてグループで話し合い，考える（＝プログラミング的思考①）。この話し合いの成果を発表するわけだが，そこでは聞く側に，ただ聞くだけではなく，発表されたロボットやプログラミングについての改善案を出す等の建設的な意見を言うことが求められる。そのためには，発表をよく聞くことはもちろん，これまでのプログラミング体験からよりよい手順を考える（＝プログラミング的思考②）ことが必要である。つまり本単元はプログラミング的思考を二層で働かせることが求められる。

3
主な評価規準

○これまでに作成したロボットやプログラムから，発表する題材を選び，伝え合うために必要な事柄を選んでいる。　　　（話すこと・聞くこと　ア）
○相手に伝わるように，ロボットやプログラムの作り方について話す事柄の順序を考えている。　　　（話すこと・聞くこと　イ）
○他のグループのロボットやプログラムについての発表を集中して聞き，自らの経験に照らし合わせて建設的な意見を言っている。
　　　　　　　　　　　　　　　　　　　　（話すこと・聞くこと　エ）

4
単元のイメージ

	学習過程	学習の流れ
第一次	単元の目標の理解と課題設定	**第1時** 単元の目標をつかみ，学習の見通しをもつ。 …❶ ○「『おもちゃ大会』をひらこう」の「学習のすすめ方」を「『ロボット大会』をひらこう」ではどのように生かすかをつかみ，学習の見通しをもつ。 ○これまでに作ってきたロボットやプログラムにどのようなものがあったかをふり返る。
第二次	発表するロボットとプログラムの検討	**第2時** 発表するロボット，プログラムを決める。 …❷ ○これまでに作ってきたロボット，プログラムの中から，どのロボット，プログラムを発表するのか選ぶ。
	ロボットの作り方，プログラムの工夫の発表の検討	**第3～5時** 説明のしかたを考える。 …❷ ○ロボットの作り方を説明する際，どのように伝えるかを考える。 ○プログラムの工夫について，どのように説明すれば伝わるかを考える。
	ロボットの作り方，プログラムの工夫の発表会	**第6・7時** 発表し合って改善に結びつける。 …❸ ○ロボットの作り方，プログラムの工夫について発表し，感想や意見を述べ合う。
第三次	「ロボット大会」の開催 ふり返り	**第8時** ロボット大会で発表する。 ○「ロボット大会」を開く。 **第9時** ロボット大会から学んだことをまとめる。 …❹ ○分かったことや思ったことを伝え合い，学習をふり返る。

Chapter3　実践編　思考の可視化ツールを活用した学び合いの授業プラン　**57**

5
単元全体の思考の可視化のポイント

❶ロボット作成やプログラミング体験のふり返り

担任している学級の子どもは，プログラミング教育の研究を進めていく中で様々なプログラミングを体験している。例えば生活科ではレゴ® WeDo 2.0による秋まつり用ロボットの作成を行った。

こうした体験から子どもは「プログラムとは記述された命令である」ことを理解しており，「プログラムは1つしか解がないわけではなく，様々な工夫が有り得る」ことを実感している。体験したことの多くは，ディスプレイにプログラムを映し実行してやることですぐに再現することが可能なので，想起させやすい。こうして可視化された情報を見ることにより，子どもは本単元の目標をつかみやすくなる。

❷グループでプログラムを検討できるカードの利用

発表するプログラムをグループで検討する際，タブレット端末を使うと画面が小さすぎてグループ全員で検討することが難しい。そのため，プログラムに使う命令をカード化しておき，ボードの上にそのカードを並べていくこととする。これにより子どもは，どのようなプログラムを発表するか，このプログラムの工夫の中で発表すべき特徴はどこかを考えやすくなる。

❸プログラムを大画面に表示して意見をその場で検証

話し合いの成果を発表する発表会で，聞いている子どもが，発表されたロボットやプログラミングについての改善案を出すことが想定されている。この改善案が妥当なものであるか否かを検討することが必要となるが，プログラムを大画面に映しておいて，出てきた意見の通りに変更し，実行することによって，その意見が妥当なものであるかどうかを即時に検討することができる。意見の妥当性についての結果がすぐに出ることは，子どもの発言意欲を大きく高めることにつながるであろうし，仮に出てきた修正案が妥当なものでなかった場合，どこが間違っていたかをクラス全員で検討することも可能になる。

❹学習支援アプリを使ってふり返りを共有する

学習のふり返りを子どもに書かせるのは簡単だが，それを共有するには手間がかかる。書いたものを貼り出すのは時間がかかるし，場所の用意も必要になる。

1人1台のタブレット環境があり，学習支援アプリを使うことができればこうした問題は解消される。子どもはふり返りを書いたものをカメラアプリで撮影し，その画像を学習支援アプリで教師に送る。教師の方で他の子どもが提出したものを見られるように共有設定をしておけば，クラスの全員が全員のふり返りを提出されたものから読むことができる。

教師の方で特にこれを全ての子どもに読ませたいというふり返りを表示させることも可能だし，対象的な2つのふり返りを並べて表示させるようなことも可能で，授業の幅を広げることになる。

6
本時の流れ（6時／全9時間）

時	学習活動	指導上の留意点
3分	○本時のめあての確認 　ロボットの作り方，プログラムの工夫について発表し，感想や意見を述べ合う。	
37分	○グループ毎に発表を行う。　…❶❷ ・グループごとに，自分たちのグループのロボットの作り方，プログラムの工夫について発表する。 ・発表を聞いた子どもから質問を聞く。 ・発表を聞いた子どもから内容についての意見を聞く。 ・発表を聞いた子どもからプログラムについての改善案を聞く。 ・改善案がプログラムとして完結したものであれば，その場でプログラムを修正して実行し，改善が妥当なものであるかどうかを検証する。 ・改善案がプログラムとして完結したものでなければ，どうすれば完結させることができるか意見を出し合う。	発表するグループのプログラムを大画面に表示する。 改善案は，プログラムとして完結した形ではなく，アイデアのレベルで構わないことを伝える。
5分	○次回の発表会に向けて気をつけるとよいことを確認する。	声の大きさ等，発表技術について確認する。

7
本時の思考の可視化のポイント

　本時においては，2種のプログラミング的思考の可視化を狙っている。

❶多様な発表方法の提供

　子どもは本時での発表までに，自分たちのグループが発表するロボットの作り方やプログラミングの工夫などについて，どのような順序で話せばよいか，伝えるために必要な情報は何か，といったことを話し合ってきている。発表の際，子どもはグループで相談して，「発表する内容を学習支援アプリを用いてスライドにまとめる」「実物投影機でロボット作成の手順を大画面に映す」といった方法の中から自分たちの発表に合うものを選ぶことができる。

　いずれも話し合いの成果を可視化するものであり，それは即ちプログラミング的思考の可視化である。

❷即時に検証できる環境の提供

　発表及びその後の質疑の際，グループ毎に作成したプログラムを大画面に映す。これによりプログラムや，それに向けられた改善案の検証が可能になる。特に改善案が完結した形でない場合は大画面に映し出されたプログラムを見ながら全員で改善案を考え，即時に検証することができる。これもプログラミング的思考の可視化と言えるだろう。

8
評価の工夫

　本時において，発表すること自体は準備を重ねてきていることであり，相応のクオリティの発表ができるものと思われる。問題は発表の内容や，発表されたプログラムに意見することである。特にプログラムについての改善案を出すことは非常に難しい。まず，書かれたプログラムの目的と手順を理解し，その上で「このように命令を書けばもっと短い手順でできるようになるのではないか」といったことを出すことは非常に高度な知的作業であると言えるだろう。よって本時では，改善案は不完全な形でよく，改善を試みるだけでも十分に価値があるということを子どもにハッキリと示す必要があるだろうし，その考えに則って評価するべきである。

（鈴木秀樹）

第2学年

動作化とすごろくで順序に気をつけて読む

単元名：しょくぶつすごろくをつくろう

時期：1学期　領域：読むこと（説明的文章）　時間数：全11時間
関連教材：「すみれとあり」（教育出版2年上）

.... 1 ....
思考の可視化のポイント

❶身に付けさせたい力の明確化

　思考を可視化する上でのポイントとして，身に付けさせたい力の明確化を第一に挙げる。なぜなら，思考の可視化や可視化ツールの活用は，資質・能力を育成するという目的のための手段であるからだ。資質・能力の育成に向けて，どのような力を身に付けさせたいのかを明確にすることは欠かすことができない。その上で，どのような学習活動を設定し，どのような思考の可視化ツールを活用するのか。これらの関係を対応させながら，授業づくりをすることがポイントだと考える。

❷効果的な可視化ツールの活用

　身に付けさせたい力が明確になったら，次に具体的な学習活動を設定する。さらに，その学習活動においてどのような思考の可視化ツールを選択すれば，効果的に活用することができるかしっかりと検討する。

　そのためには，教師自身が様々な可視化ツールの特徴を理解した上で，扱う可視化ツールを取捨選択する必要がある。例えば，思考を文字言語として表現し可視化するだけならば「ノート」でも「カード」でもよい。しかし，「カード」には思考を可視化させた後で子ども自身が操作しながら，思考を整理・分類することができるという特徴がある。可視化ツールの特徴を生かして，効果的な活用をすることがポイントだと考える。

2
単元のねらいと概要

　本単元で扱う教材「すみれとあり」は，すみれの花が意外な場所にも咲いていることを取り上げ，すみれが遠くまで種を運ぶ仕組みを解明している。子どもは，すみれが種を飛ばす様子やありが種を運ぶ様子に注目しながら，その２つが結び付いて問題が解明されていく過程を読み進めることになる。時間的な順序を考えながら読むとともに，「すみれ」と「あり」のつながりについて分かったことを表現できるようにすることもねらいとした単元である。

　そこで，本単元では「すごろくを作る」という言語活動を設定した。すごろくを作る活動を通して，すみれが種を飛ばす様子やありが種を運ぶ様子を時間的な順序に沿って読み取る必要性が生まれる。また，教科書教材「すみれとあり」を学習した後には，他の植物の種の運び方が書かれた本を読み，すごろくを作る活動を設定する。

3
主な評価規準

○すみれが種を飛ばす様子やありがその種を運ぶ様子について，時間的な順序を押さえて読み取っている。

（読むこと　イ）

○すみれとありの関係に気を付けて，文章中の大事な言葉に着目して読んでいる。

（読むこと　エ）

○すみれの種の変化やありの行動の順序を押さえて，すみれの花がいろいろな場所に咲くわけを説明している。

（書くこと　イ）

○文の中における主語と述語の関係を理解している。

（言語についての知・理・技）

Chapter3　実践編　思考の可視化ツールを活用した学び合いの授業プラン　63

4
単元のイメージ

学習過程		学習の流れ
第一次	学習課題の設定	第1時 課題を知り，学習の見通しをもつ。 …❶ しょくぶつすごろくをつくろう。 ○学習計画を立てる。 ○「すみれとあり」全文を読み感想を書く。
第二次	構造と内容の把握	第2時 問いの文を探す。 ○筆者が投げかけている問題について考え話し合う。 ○問題提示文「どうしてこんなばしょにさいているのでしょう」を確認する。
	精査・解釈	第3・4時 すみれが花を咲かせてから，種を飛ばすまでの様子を順序に気を付けて読み取る。 …❷❸ ○すみれの様子にサイドラインを引く。 ○グループで話し合い，すみれの様子を動作化する。 ○すみれの様子をカードに書く。 第5・6時 ありがすみれの種を見つけてから，種を捨てるまでの行動を順序に気を付けて読み取る。 …❷❸ ○ありの行動にサイドラインを引く。 ○ありが種を運ぶ様子を動作化する。 ○ありの行動をカードに書く。
	考えの形成	第7・8時 すみれとありの関係について考える。 …❹ ○すみれとありの関係について考える。 ○すみれとありに対するインタビューを考えて，吹き出しに書く。
第三次	共有	第9・10時 しょくぶつすごろくを作る。 ○他の植物に関する本を読み，成長の仕方や種の運び方について簡単なすごろくを作る。 第11時 作ったすごろくで友達と遊ぶ。 ○すごろくで遊び，感じたことや分かったことを伝え合う。 ○学習をふり返る。

64

5
単元全体の思考の可視化のポイント

❶すごろく—時間的な順序を可視化

　本教材「すみれとあり」は，すみれの様子やありの行動を時間的な順序に沿って読み取ることが重要である。そこで，本単元ではすごろくを可視化ツールとして活用した。すごろくには，マスに沿って一つ一つ事柄が進んでいくという特徴がある。読み取ったすみれの様子やありの行動をマスに書いて，並び替えることにより，子どもが時間的な順序をどのように捉えているのか思考を可視化することができると考えた。

　また，スタートが問い，ゴールが答えという構図にすることで問題が解明されていく過程を表現できるようにする。

❷サイドラインとカード—思考の変容を可視化

　すみれの様子やありの行動をすごろくのマスに書くためには，一つ一つの事柄を本文から正確に抜き出す必要がある。そこで，本単元では，サイドラインとカードを可視化ツールとして活用した。まず，すみれの様子やありの行動にサイドラインを引く。この際，大事な言葉や文を意識させるために，できるだけ短く引くことを指導する。その後，グループで話し合い大事な言葉や文について検討させる。いくつの事柄に線を引いたか，どこに線を引いたかを視点に話し合う。話し合ったことをもとに，すみれの様子やありの行動をカードに書く。このカードが，後にすごろくのマスにもなる。始めに引いたサイドラインを残しておくことにより，対話を通した子どもの思考の変容を見取ることができる。

Chapter3　実践編　思考の可視化ツールを活用した学び合いの授業プラン　65

❸動作化―主語と述語の関係を可視化

　本教材では，問いを解明していく過程で文の主語になる「すみれ」や「あり」に着目し，その述語を正しく捉えることがポイントになる。そこで，主語と述語の関係を可視化するためにツールとして動作化を取り入れた。

　グループで話し合いながら，すみれが種を飛ばす様子やありが種を運ぶ様子を動作化する。その際，教科書本文を読む子どもと動作化する子どもとに分けることで，叙述に即した動きになっているか確かめられるようにする。

❹吹き出し―問いに対する答えを可視化

　本教材は，すみれの花がコンクリートの割れ目や高い石垣の隙間にも咲いていることを説明した上で「どうして，こんなばしょにさいているのでしょう」という問いが提示される。この問題が解明されていく過程を読み進めていくと，すみれとありの関係がその答えとして説明されている。問いに対する答えを適切に読み取り表現するために，可視化ツールとして吹き出しを活用する。

　例えば，「どうして，いろいろなばしょに花がさいているのですか？」という問いに対して，子どもがすみれになり切って答えを吹き出しに書く。また，ありになり切ってすみれの種を運ぶ理由等を吹き出しに書いたりすることも考えられる。

6

本時の流れ（6時／全11時間）

時	学習活動	指導上の留意点
5分	○前時の学習をふり返る。　　　　　　　…❶ ・すみれの様子を書き表したカードや動画を確認して，本時のめあてにつなげる。 ○本時のめあてを知る。	すみれの様子が書かれたカードや動画を用意し視覚的に前時の学習をふり返られるようにする。
	ありのこうどうをじゅんじょにきをつけてよみとろう。	
10分	○ありの行動が書かれている箇所にサイドラインを引く。　　　　　　　　　　…❷ ・ありが〜たねを見つけました。 ・ありは〜はこんでいきます。 ・ありは〜すてています。	思考の変容を見取るためにサイドラインは消さずに残しておく。
15分	○グループで話し合い，ありの行動について動作化して確認する。　　　　　…❷ ・本文を音読する子どもと動作化する子どもとに分かれて，ありの行動を正確に表現する。	主語と述語に着目するよう声かけをする。
10分	○ありの行動をカードに書く。　　　　…❸ ・ありの行動をカードに書き，正しく並べて，すごろくのマスを作る。	カードは，すごろくを作成する際のマスとして活用する。
5分	○本時の学習をふり返る。 ・グループでの話し合いを通して，自分の考えが変わったり，より確かになったりしたかどうかふり返る。 ○次時の学習を知る。	サイドラインとカードを見比べることで学びの変容を確かめる。

Chapter3　実践編　思考の可視化ツールを活用した学び合いの授業プラン　**67**

7
本時の思考の可視化のポイント

❶前時をカードや動画で視覚的にふり返る

　前時に読み取ったすみれの様子について，カードや動画を用いて視覚的に
ふり返ることができるようにする。前時に子どもが書いたカードには，「た
ねが，いきおいよくとび出す」や「たねは，つぎつぎとちかくの地面におち
ていく」などが書かれている。ここでは，1つのカードに1つの事柄を書く
と分かりやすいことを確認する。また，すみれが実をつけた様子や種を飛ば
す様子を動作化した動画を見ることにより，「すみれの種はその後どうなる
のか」という本時の課題意識につなげた。

❷ありの行動を動作化で可視化する

　子ども一人一人が，文中からありの行動を見つけられているか確かめるた
めにも，個人で考えたありの行動を可視化する必要がある。そこで，ありの
行動を探し，教科書本文にサイドラインを引く。サイドラインは，消さずに
残しておくことで後に思考の変容を見取ることもできる。

　また，サイドラインを引いた箇所についてグループで話し合い動作化する
活動も取り入れた。正しく内容を理解していなければ動作化することは難し
い。動作化する活動を設定することで子どもが本文を何度も読み返し，あり
が種を見つけた時の様子や運ぶ様子，種を巣の外へ捨てる様子を正確に読み
取り表現する姿が見られた。

❸時間的順序をすごろく作成によって可視化する

　ありの行動をカードに書くことで，すごろく作成に活用する。ここでは，
1枚のカードに，読み取ったありの行動を1つ書くことを約束とする。

　書き終えたカードは，子ども自身がどのような順番で並べれば正しい順序
になるか考えながら操作する。すごろくのマスという可視化ツールを活用す
ることによって，本単元のねらいである時間的な順序に沿って文章を読み取
ることにつながった。

8 評価の工夫

❶タブレット端末を活用した動画による評価

本単元では，すみれの様子やありの行動を正しく読み取るために動作化を活動として取り入れた。そして，それを評価するためにタブレット端末を使用した動画を活用する。ここでの評価とは，教師が授業後に評価することはもちろん，授業中に撮った動画を電子黒板に映し出すことで子どもによる自己評価・相互評価をさせることができる。

また，授業の導入時に前時の動画を見せることで，大事なポイントを確認したり，本時の課題意識につなげたりすることもできる。

❷サイドラインとカードを活用した思考の変容を評価

すみれの様子やありの行動を正しく読み取ることができたか評価するために，サイドラインとカードを活用する。サイドラインは，子ども一人一人が個人で考えて線を引く。その後，グループでの話し合いを通して改めてカードに書く。こうすることで，子どもの思考が対話を通してどのように変容したのか，その過程を見取ることができる。

❸ふり返りによる学びの深まりを評価

一単位時間の最後に，子ども自身が学びをふり返る時間を設定する。ただし，「楽しかった」「おもしろかった」などの学習感想に留まることがないようにふり返りの視点を示す。ここでは，「友達との話し合いを通して，新しく気付いたこと」や「ありの行動について，分かったこと」などの視点を示すことで，めあてに対応したふり返りを書く姿が期待できる。

（武井二郎）

5 第3学年

話す型・聞く型を可視化する

単元名：話の中心に気をつけて聞き，しつ問をしたり感想を言ったりしよう

時期：2学期　領域：話すこと・聞くこと　時間数：全6時間
関連教材：「よい聞き手になろう」（光村図書3年上）

1

思考の可視化のポイント

❶単元の言語活動の最終形態（ゴール）を可視化する

　導入において，単元の言語活動の最終形態を示し，つけたい力をはっきりさせる。ねらいに基づいて設定されたそのゴールに向かい，どのような学習を進め，どのような力の獲得を積み重ねる必要があるのか考え，学習計画を立てる。よって，子どもは毎時間2つのめあてを意識することとなる。単元の「大めあて」（言語活動），そのために本時は何を学ぶのかという「小めあて」である。学習への意欲づけとともに，身に付ける力の可視化を図ることにもつながると期待する。

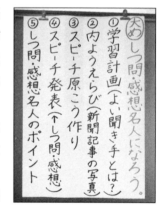

❷話す型と聞く型を可視化する

　本単元の主軸は，聞くことである。合わせて，より的確により理解を深めながら聞くために，話すことにも力を注ぎたい。そこで，「話す型（原稿作りの型）」と「聞く型（聞き取りメモの型）」を可視化してそろえる。話の中心の選択，分かったことや自分と結びつけて考えたことの文章化など，話すための原稿づくりで経験した方法や思考を，聞く時にも用いるのである。子どもにとって，聞くべき内容が明確になる手立てとなると考える。

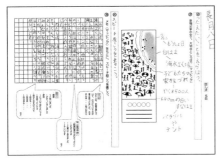
話し手のワークシート
（＊1の写真と本文）

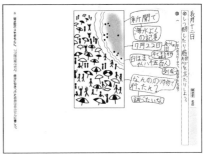
聞き手のワークシート
（＊1の写真のみ）

2 単元のねらいと概要

　本来，目には見えない言葉のやり取りをするのが「話すこと・聞くこと」領域の活動である。そこで，話の題材（写真）の提示，原稿作りや聞き取りメモにおけるマッピング，質問や感想の付箋への記入など可視化を図る。そのことにより，「話の中心に気をつけて聞き，質問や感想を伝える」というねらいにせまることができるであろう。

　なお，情報を的確に伝えるため，「読むこと」や「書くこと」で学習してきたことを活用する力が必要である。たとえば，「はじめ・中・おわり」の段落構成や「誰が（何が）・何を・いつ・どこで・どんな目的で・どのように」という5W1Hの使用などが挙げられる。情報発信者としてこれらを意識することが，受信者の立場になった際にも役立つはずである。本単元での学習が，他教科，ひいては日常生活のコミュニケーションでも活用されるよう指導していきたい。

3 主な評価規準

〇話の中心に気をつけて聞き，質問したり感想を述べたりしている。

（話すこと・聞くこと　エ）

○新聞記事から話題を選び，適切な言葉遣いで筋道立てて話している。

(話すこと・聞くこと　ア・イ)

○聞き手に伝わるように言葉を選んで話している。(言語についての知・理・技)

················· 4 ·················

単元のイメージ

	学習過程	学習の流れ
第一次	単元の目標理解と課題設定	第1・2時　単元の目標をつかみ，学習の見通しをもつ。　…❶ ○うまく伝わらない例から，的確に伝えるための留意点（５Ｗ１Ｈ，こそあど言葉など）を知る。 ○モデルスピーチをもとに，よい聞き手のあり方を考える。 <blockquote>しつ問・感想名人になろう。</blockquote> ○よい聞き手になるための学習計画を立てる。
第二次	スピーチの題材選択	第3時　友達に伝えたいことを考える。　…❷ ○新聞記事（こども新聞等）を複数読み，話題を決める。 ○必要に応じて，家庭で記事を読んでもらい，内容理解を深める。 ○文や写真から読み取ったことや考えたことをメモ（マッピング）する。
	スピーチ原稿の作成	第4時　新聞記事（写真）をもとに，スピーチ原稿を作成する。 …❸❹ ○話の中心，はじめ・中・おわりの内容を決める。 ○話の中心となる言葉からさらにマッピングを広げる。 ○よりよい言葉や伝わりやすい表現がないかを考える。
	伝え合い	第5時　友達のスピーチを聞き，質問をしたり感想を言ったりする。　…❸❺ ○新聞記事（写真）を手元に置き，メモ（マッピング）しながら聞く。 ○自分に引きよせながら聞き，話の内容に沿った質問や感想（付箋）を伝える。
第三次	ふり返りとまとめ	第6時　よい聞き手のポイントをまとめる。 ○今後の生活に生かしていくために，単元を通して学んだ聞き方のポイントをまとめ，年間を通じての掲示物を作成する。

···························· **5** ····························
単元全体の思考の可視化のポイント

❶言語活動のモデルを提示する

　子どもは，導入でモデル（単元の言語活動の最終形態）を見ている。だからといってすぐに個人での学習活動には入らず，毎時間の始めに，学習活動を全員で体験する場面を設定する。たとえば，記事の選び方，マッピングの書き方，はじめ・中・おわりの構成，文末表現などである。こうして，いわば2回のモデル提示により，子どもは安心して個人での学習活動や交流活動に挑めると考える。

❷新聞記事（写真）を用いる

　今回，スピーチの題材として新聞記事を設定した。形のない思いや過去のできごとからスピーチ原稿を構成するのは，困難な子どももいるかもしれないと考えたためである。

　取り扱う内容が多岐に渡る新聞には，一人一人にとって興味があること，体験したこと，関わりのあることなどが記載されているはずである。手元で選択できるということも，有効な支援であろう。

　記事の読解は難しい場合もあるため，写真を主な題材と捉え，様々な情報を読み取ることとする。読みやすい子ども新聞も積極的に取り扱う。また，必要に応じて，保護者と一緒に本文を読むなど一種の親子読書も推奨したい。このように，写真や見出し，本文など，記事の隅々まで読み込み，情報を収集する力も鍛えたい。

❸読み取ったことや考えたことをマッピングで表す

　子どもはその豊かな感性で，物事を理解し，疑問や感想を抱き，考えをめぐらせているはずである。ともすれば表出が困難なその思考を，マッピングという形でまずは文字化できればと考えた。特に今回は，マッピングの中心に文字ではなく新聞記事（写真）がある。可視化されたテーマから線を伸ばし，読み取ったことや考えたことを言葉で表すことにより，イメージは広がり思考は深まる。読み手には原稿作り，聞き手には聞き取りメモとして活用

Chapter3　実践編　思考の可視化ツールを活用した学び合いの授業プラン　**73**

できる有効な手立てである。

❹「私の見つけた『言葉ノート』」を活用する

　「言葉ノート」[*2]とは，分からない言葉や心に残った言葉等について，調べて記録するものである。語彙力の向上，語感の素地を養うことをねらいとして取り組んでいる。

　本単元では，マッピングで表現した言葉，特に感想の際，「楽しい」「すごい」等の言葉を多用することが懸念される。自分の思いを表す適切な言葉を子どもには選んでほしい。よって，「言葉ノート」で親しんできた国語辞典や類語辞典を活用しながら，よいと思った表現を追加する活動時間も設定する。豊かに表現する体験が，聞き手になった時の豊かな受け止めにつながってほしい。

「言葉ノート」
上段には，言葉，意味，文
下段には　・見つけた所
　　　　　・仲間の言葉・反対言葉
　　　　　・見つけた時の気持ち
　　　　　・マッピング
　　　　　・絵　　　　　　　など

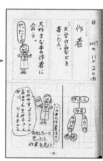
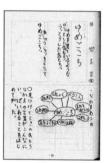

❺質問や感想の可視化を図る

　豊かな伝え合いをするためには，その内容や伝え方だけではなく，聞き手の反応が重要である。本単元では，質問を青色付箋，感想を赤色付箋に記し，手渡しながら伝える。要するに，やり取りを付箋で可視化するのである。

　授業後は，付箋が貼られた原稿用紙を掲示することにより，他グループのやり取りについても知ることができる。友達が選んだということで，新聞記事も興味深く読むかもしれない。そうして，他グループのスピーチに感想や質問を抱いた場合，2色の付箋を同様に貼っていく形式で，全体交流も図りたい。

6

本時の流れ（5時／全6時間）

時	学習活動	指導上の留意点
10分	○本時の学習課題をつかむ。　…❶ ・めあて：よい聞き手になって，質問・感想を伝えよう。 ・モデルから，学習の見通しをもつ。 ・課題１：話の中で大切なことは？（マッピング） ・課題２：質問や感想を書いて伝えよう。（付箋）	全体計画のどこに当たるか確認する。 教師のスピーチをもとに，全員で課題１・２について確認する。 「自分に引きよせて」という視点を強調する。
30分	○グループ活動をする。 ・話し手のスピーチをメモ（マッピング）しながら聞く。　…❶ ・メモをもとに，質問（青色）・感想（赤色）を付箋に書く。 　　　　　　　　　　　…❷ ・付箋をもとに，質問・感想を伝え合う。	評価 A：質問と自分に引きよせた感想を伝えている。 B：質問か感想のどちらかを伝えている。 話し手や他の聞き手の話に関わらせて，自分の意見を伝えるよう助言する。またそのためのキーワード（自分は，自分も，自分なら，など）を示す。
5分	○学習をふり返る。 ・よい聞き手について，本時で，努力したことや上手くいったこと，これから挑戦してみたいことなどを出し合う。	話すこと・聞くこと双方の体験を通して，それぞれの要点を確認できるようにする。

7

本時の思考の可視化のポイント

❶聞き手は，話し手が題材とした新聞記事（写真のみ）を活用する

本当なら頭の中で処理すべきこと（スピーチ原稿や質問，感想など）も，

Chapter3　実践編　思考の可視化ツールを活用した学び合いの授業プラン　**75**

本単元ではあえて可視化する。本時では，話の中心の可視化をねらい，話し手の題材記事（写真）を聞き手にも一人一枚配付する。そこに，聞き取りメモ（マッピング）を記入する。自身も同じ方法でスピーチ原稿を作っているため，困惑せず取り組めるはずである。また，音声言語だけでなく，写真があることで，スピーチ内容の理解が深まったり，イメージを広げやすいと考える。

❷伝え合うこと（質問や感想）を可視化する

　マッピングにより，聞き手は話し手のスピーチ内容をメモすることができた。いわば，話し手に反応するための材料がそろった状態である。それを文章化する際，二色の付箋を用いる。青は質問，赤は自分に引きよせた感想である。色に意味をもたせることは，取りかかりやすさにもつながる効果的な手立てである。

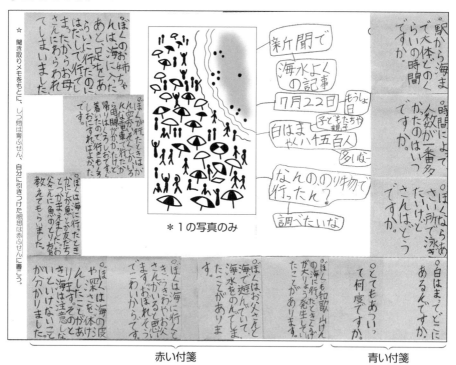

また，その付箋は，話し手に贈って原稿用紙（新聞記事，マッピング入り）に貼ることとする。本実践は，グループでのやり取りである。メンバーそれぞれが青色付箋，赤色付箋を次々と提供することで，付箋が増えていく。もっと付箋を書きたい・贈りたい（聞き手），たくさん付箋がほしい（話し手）という思いが，活動への意欲にもつながるであろう。そして，貼り付けられた多くの付箋が，豊かなコミュニケーションの証であると価値づけをしたい。

8
評価の工夫

❶単元全体の評価シート

　単元の学習計画を立てた段階で，単元全体の自己評価シートも作成する。単元の見通しをもちながら，授業の展開に入る段階でめあてや評価規準，すなわち本時のゴールを見据えることが大切だと考えるためである。よくできた◎，できた〇，もう少し△という記号化だけではなく，文章表記も取り入れたい。

❷可視化された思考ツールによる評価

　本単元では，話し手・聞き手の思考をすべて可視化した学習と言える。それらは，子どもにとって学びの足跡になるのはもちろんのこと，今後，頭の中で自分の思考を整理する時の手引きにもなると考える。

　そして，教師にとってはそれらはまさに，可視化された評価対象である。子どもの話し方，聞き方の観察に加えて，単元を通して取り組んだ可視化ツールを評価の材料としたい。

＊１　「朝日新聞」2017年7月23日朝刊1面記事を使用

＊２　「私の見つけた『言葉ノート』」（理想教育財団）　　　　　　　（倍　菜穂美）

Chapter3　実践編　思考の可視化ツールを活用した学び合いの授業プラン　**77**

ホワイトボードで読みの交流を活発にする

単元名：斎藤隆介さんの世界を楽しもう

時期：3学期　領域：読むこと（文学的文章）　時間数：全8時間
関連教材：「モチモチの木」（光村図書3年下）

1
思考の可視化のポイント

❶「何について」「どんな視点で」「どのように」話し合うかを明確にする

　自分の思いや考えをよりよくしようと仲間とかかわることが1つの手段となる。協働的な学びを行う際に，子どもに示すポイントは①「何について」②「どんな視点で」③「どのように」の3つである。①・②は内容面，③は方法面のことについて提示する。これらを提示することで，課題解決に向かって協働的な学びが行われ，やり方を理解して，子ども自身が学びを可視化し，視点に合った内容をまとめることができるようにした。特に，子どもが「どのように」という方法を理解するために，ICTを活用して実際のまとめ方を提示したり，教師のモデルを通して教師と子どもが共通理解したりすることで，子ども自身で話し合ったことをまとめていけるようにした。

❷協働的な学びにおいて，自分自身の考えや立場を明確にできるようにする

　思考を可視化する際に，ネームプレートや付箋等を活用して，自分の立場や考えを明確にした。それにより，同じ叙述における仲間との読みの違いや仲間同士の考えのつながりを書き表しながら，誰の考えや読みなのかが分かりやすくなり，質問や，考えに付け足しをして，子ども自身が「誰の」「どの考え」から自分の考えが広がり深まったのかを自覚できるようにする。

❸学びを自覚できるように，子ども自身で可視化できるきまりをつくる

　思考の可視化をするために，話し合いのきまりを子どもと共有することが

大切になる。きまりを明示することでどの子どもも自分達の考えをホワイトボードにまとめることができるようにした。

- 「黒色ペンでは考えや理由を書く。赤色ペンでは大切な言葉やまとめた言葉を書く」というペンのきまりによって，話し合ったことの重要度を分けてまとめることができる。
- 「関係のあることは矢印でつなぎ，理由やキーワードを書く」という矢印のきまりによって，子どもの考えや叙述のつながりが分かり，思考の深まりが分かりやすくなる。
- 「全員が納得した考え」「キーワード」という書き方のきまりによって，仲間と考えを共有しながら，課題に対する自分たちの答えや考えをまとめることができる。

2 単元のねらいと概要

　本単元を「斎藤隆介さんの世界を楽しもう」と位置づけ，言語活動には「３年２組での読書会」を設定し，テーマを「斎藤隆介の作品に登場する主人公の成長」とした。教材文「モチモチの木」に登場する臆病な豆太が大切なじさまのために勇気を出そうとする気持ちに共感しながら，成長する主人公の気持ちの変化を捉えて読むことができる教材である。そこで，豆太と同じように成長する主人公が登場する同一作者の『ふき』『猫山』『半日村』『火の鳥』を並行読書として位置づけた。成長について分かりやすい４冊を取り上げることで，「モチモチの木」の豆太と関連づけながら読み，斎藤隆介が描いた物語の世界を楽しむことにつながると考えた。また，読書会では，『ひばりの矢』『花さき山』『三コ』『かみなりむすめ』を加えて読むことで，斎藤隆介の世界に登場する主人公たちの成長が味わえるようにした。

3 主な評価規準

○地の文や行動，会話に着目しながら成長していく主人公の気持ちの変化に

ついて，叙述をもとに想像して読んでいる。 （読むこと　ウ）

○斎藤隆介の作品を読んで，感じたことや思ったことを発表し合っている。

（読むこと　オ）

○物語に出てくる言語に登場人物の心情が表れていることに気付いている。

（言語についての知・理・技）

4
単元のイメージ

	学習過程	学習の流れ
第一次	言語活動を知り，学習計画を作り，単元の見通しをもつ	第1時 「モチモチの木」の感想を発表し合い，単元の見通しをもつ。 ○モチモチの木を読み，豆太についての感想を仲間と発表し合う。 ○学級で読書会を行うことを知る。 ○本単元で学習する内容や相手意識と目的意識を確認する。 　学級の仲間と読書会をして，斎藤隆介さんの世界を楽しもう。 第2時　読書会を行う学習計画を立てる。　　　　　　…❶ ○並行読書を行う斎藤隆介の作品を決める。 ○読書会をして斎藤隆介の世界を楽しむ学習計画を立てる。
第二次	「モチモチの木」や自分が選んだ本に登場する主人公の特徴を読んで，まとめる 「モチモチの木」の豆太の気持ちの変化について叙述をもとにして読み，成長について考える 自分が選んだ本の主人公の気持ちの変化について叙述をもとにして読み，成長について考える 斎藤隆介作品に登場するそれぞれの主人公の成長について共通点を考える	第3時　物語に登場する主人公の特徴について考える。…❷ ○1人で「モチモチの木」や自分が選んだ作品の主人公の特徴を読む。 ○同じ作品を選んだ小集団で特徴を確認する。 第4時　1人で豆太の気持ちの変化について読む。 ○豆太の成長について1人で読んで，考える。 第5時　仲間と豆太の気持ちの変化について協働的な学びを行い，主人公の成長について考える。　　　　　　　…❸ ○前時までに読みから，豆太の気持ちの変化について小集団で考える。そして，それぞれの小集団での考えを全体で交流する。 第6時　同じ本を選んだ仲間と主人公の気持ちの変化について協働的な学びを行い，主人公の成長について考える。…❹ 第7時　異なる本を選んだ仲間と主人公の気持ちの変化について協働的な学びを行い，主人公の成長について考える。
第三次	読書会 単元のふり返りを行う	第8時　斎藤隆介作品を読み，学級の仲間と読書会を行い，単元のまとめを行う。 ○「主人公の成長」をテーマとし，斎藤隆介の9作品を主人公の気持ちの変化に気を付け，今までの学習とつなぎながら読み，仲間と読書会を行う。

80

5
単元全体の思考の可視化のポイント

❶読書会に向かうために,単元の見通しを可視化する

　子どもが単元の見通しをもつために,学習計画を子どもと共に作成していった。言語活動の読書会に向かうために,どのような指導事項を身に付けるのか,そしてどのような学習をしていくのかを子どもがノート,教師は学習計画表に書きまとめることで,単元の見通しをもてるようにした。導入において,常に学習計画表から学習内容を確認することで,読書会に向かって子どもが主体的に学習を進めていくことができた。

❷仲間と考えを共有するために主人公の特徴をホワイトボードにまとめる

　主人公の気持ちの変化,そしてその成長を考えるには,その主人公の特徴を読むことが大切である。はじめに,「モチモチの木」の豆太の特徴について子どもと共にまとめ,意見を可視化していった。1人で見つけた特徴を付箋に書き出した。そして,同じ作品を選んだ仲間と考えを共有するための協働的な学びを行い,それぞれの考えを共有する。同じ特徴は付箋を重ねたり,同じ項目(性格・家族・もっているもの・願いなど)は近くに貼ってまとめたりした。特に同じ視点は,どのようなまとまりなのか

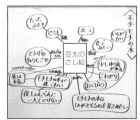

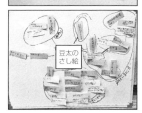

を赤ペンで可視化するようにした。そうすることで,性格という項目でも「優しい」「頑張り屋」「我慢強い」等の様々な考えが集まり,これらを分類することで,自分の把握していた特徴を仲間と共有し,考えを広げることにつながった。

❸自分と仲間の考えをよりよくしたり,確認したりするための可視化を行う

　前時までに主人公の豆太の気持ちが分かる叙述を付箋に書き,そこから読むことができる気持ちをノートに書き表した。本時はその読みを生かして,小集団で気持ちの変化を読むために協働的な学びを行い,主人公の気持ちの

変化について考えていった。物語の順に、叙述が書かれた付箋を貼っていくことで、仲間が選んだ叙述とそこから読んだ豆太の気持ちを把握することができた。その際に「にているところ・おなじところ」という視点を提示し、それぞれの共通点を見つけ、豆太の気持

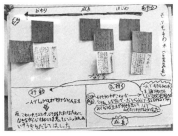

ちの変化からどのような成長をしたのかを話し合いながら、ホワイトボードに可視化することができた。ホワイトボードの写真では、子どもが豆太の気持ちを考えたことで、「一人でしょんべんもいけない豆太」が「夜こわい中、さむい中、じさまをたすけるために、なきながら、じさまを思って、いっしょうけんめい勇気を出してはしった」と成長したことが書かれている。モチモチの木を怖がって、外に行くことができなかった豆太の成長を小集団で考え、それぞれの子どもの思考を話し合いながら、可視化することで学びの足跡が残り、それを手がかりにしてふり返りを行うことができた。

❹読書会を通して、単元の学びを自覚するためのふり返りを行う

　読書会では、「モチモチの木」と並行読書をしてきた４作品にさらに『ひばりの矢』『かみなりむすめ』『三コ』『花さき山』の４作品を加え、「主人公の成長」について仲間と感想を話し合った。前時までに斎藤隆介作品の主人公は「大切な誰かのために何か行動を起こし、達成をして成長する」という学びがあるので、「どんな気持ちで」「誰のために」「どんな行動で」成長するのかを視点にして読書会を行い、斎藤隆介の世界の読みを深めながら楽しむことができた。そして、ふり返りでは、読書会での学びを自分の言葉で書き表し、単元を通して分かったことやできるようになったことを自覚することができた。

6

・・・・・・・・・・・・・・・・・・・ 6 ・・・・・・・・・・・・・・・・・・・

本時の流れ（7時／全8時間）

時	学習活動	指導上の留意点
10分	○導入において，学習計画表や掲示物，ICTを活用して，前時までの学びをふり返り，本時でどのようなことを学ぶのか子どもと共に確認をする。 ・単元の最後には読書会をする。テーマは斎藤隆介作品に登場する「主人公の成長」についてです。 ・今日は異なる作品を選んだ仲間と一緒に「主人公の成長」について話し合うよ。	話し合う時の視点を提示することで，それぞれの主人公の共通点を見出せるようにする。「モチモチの木」の豆太と「にているところ・同じところはあるかな」と教師が働きかけることで，関係づけて考えられるようにする。 ふり返りを行う時間を十分に確保し，ふり返る3つの視点を提示することで，自分の学びがどうだったのかを子ども自身が自覚できるようにする。
20分 5分	○「にているところ・同じところ」という視点を子どもに提示し，それぞれ異なる作品の「主人の成長」について協働的な学びを行う　　　　　　　　　　　　　…❶ ・『火の鳥』の「あさ」は『ふき』の「ふき」と同じように，今まで自分にとって怖かった「火の鳥」や「青鬼」に立ち向かったところが同じだと分かった。豆太でいうと「モチモチの木」のことだと思った。 ・『半日村』の一平も「家族のために」山を1人で一生懸命けずって頑張ったから，「家族のために」戦った「あさ」ににていると思った。 ○小集団でまとめたものをもとに，全体交流でそれぞれの学びを確認する。　　　　　　　　　　　　　　　　　…❷	
10分	・私達の班では，どの主人公も「誰かのために勇気を出すこと」が分かりました。「あさ」と「一平」は「家族のため」，「三平」は「猫のため」，「ふき」は「死んだお父さんのため」に，何かに立ち向かっていったからです。 ○本時の学びを自覚するために，自分の学びを自分の言葉でまとめ，ふり返りを行う。　　　　　　　　　　　…❸	

・・・・・・・・・・・・・・・・・・・ 7 ・・・・・・・・・・・・・・・・・・・

本時の思考の可視化のポイント

❶仲間と読み深めるために話し合う時の視点を提示する

　本時は，子どもは「主人公の成長」について，自分と仲間の考えの「にているところ・同じところ」を見つけながら，「付箋を使って，考えをホワイトボードに書き込む」ことを行い，斎藤隆介作品に登場する主人公の成長についての共通点を見つけるという活動を行った。付箋には前時までに，自分が選んだ作品の主人公の成長について書かれている。自分と仲間の考えに

Chapter3　実践編　思考の可視化ツールを活用した学び合いの授業プラン　**83**

「にているところ・同じところ」がある場合は、それぞれの付箋を近くに貼り、まとめた。例えば「『半日村』の一平」は「家族のため」、「『猫山』の三平」は「猫のため」、「『ふき』のふき」は「死んだ父さんのため」、「『火の鳥』のあさ」は「自分の家族や村のため」などそれぞれの主

人公は「誰かのために」に成長をしていることが明らかになった。異なる作品を選んだ仲間の考えを聞き、自分に仲間の考えを取り入れることで、斎藤隆介作品に登場する主人公は家族・村の人・生き物など「誰かのために成長した」という共通点に気付き、まとめることができた。視点を提示することで、仲間の考えから自分の考えを広げ、可視化したそれぞれの主人公の成長から斎藤隆介作品の主人公の共通点を見つけ、さらに読みを深めることができた。

❷ **可視化したことをもとに、全体交流で話し合って分かったことを板書にまとめ、学びの確認を行う**

全体交流では、子どもが話し合ったことを可視化したホワイトボードを学級の仲間に示しながら、「誰の」「どんな言葉や考え」から「どのようなことが分かったか」を発表していった。

写真では『半日村』『あさ』『猫山』を選んだ子どもが、それぞれの主人公の成長の「にているところ・同じところ」を話し合い、気付いた共通点について全体交流で発表をした。子どもは、仲間と考えを可視化したホワイトボードを見ることで、それぞれの言葉や考えを根拠にしながら、「斎藤

隆介さんの作品に登場する主人公は『誰かのため』『勇気が出た』『達成した』ことによって成長することが分かった」という学びを仲間に伝えることができた。その学びを「他のグループはどうかな」「どの主人公にも言える

か，確認しよう」と全体に問い返し，教師と子どもと確認したことを板書にまとめることで，主人公の共通点を全員で共通理解することができた。

❸自分の学びをふり返り，思考を自分の言葉でまとめる

　小集団での話し合いでは可視化されたホワイトボードや，板書をもとに学びを自分の言葉でまとめる。本時の学びを自分の言葉で書き表すことで，「自分の学びは何か」「どうして分かったのか」という学びの自覚を子ども自身ができるようにした。また，その学びが次の時間を意識して何をするのか，言語活動にどのように生きるのかを子ども自身が考え，次の時間へ向かっていけるようにしたことで，次の時間の学びや言語活動に主体的に向かう子どもの姿が見られた。

8 評価の工夫

❶学びを自覚する「捉え」「判断」「つなぎ」を明確にした３つの視点を提示

　本時のふり返りでは，「今日分かったこと学んだこと（捉え）」「どうして分かったのか（判断）」「次の時間に向けて（つなぎ）」という３つの視点を提示した。この３つの視点を提示することで，視点に沿って，学びを整理しながら，自分の言葉でまとめることができる。特に「どうして分かったのか」という自分の考えの根拠を具体的に書けるようにすることで，子どもが学びを自覚することができるようにし，その内容から教師は評価規準の達成ができているのかを見届けることができた。

❷評価規準の達成を見届けた実態把握による教師の声かけ

　前時のふり返りから評価規準が達成されているのか子どもの実態を把握し，自分の言葉で学びを書き表すことが十分でない子どもに意図的に声かけを行った。「誰の考えから分かったのか」「どの言葉から分かったのか」という声かけをすることで，どの子どももが思考を自分の言葉でまとめ，学びの自覚ができるようになっていったと考える。

（髙井星来）

付箋で自分の考えを整理し，伝え合う

単元名：４年３組のグッドポイントを伝えよう

時期：１学期　領域：書くこと　時間数：全９時間
関連教材：「自分の考えをつたえるには」（光村図書４年上）

······················· 1 ·······················
思考の可視化のポイント

❶学習計画表で明示して自己の学びをメタ認知させるだけでなく，学習過程を柔軟に行き来できるよう配慮する

　書くことの学習過程は，ともすると一方通行になりがちである。一つ一つの学習過程を大切にすることは，子どもの知識・技能を高める上で欠かせない。と同時に，課題解決に向かって学習過程の中でそれらをどう使うかという視点に立つことは，子どもの思考力・判断力・表現力等を育成するためになくてはならない。これらと並行して，子どもの学びに向かう力や人間性を高めるためには，子ども自らが自己の学びを知り，どのように学習をすればよいのかを主体的に考えさせる姿勢が必要となる。

　子どもは自身が主体となって作った学習計画表をもとに，毎時間のふり返りを行う。教師はそのふり返りを価値づけしたり励ましたりして，子どもの学びを支える。それから，実際に記述に向かう際に，書く材料が足りないことに気付くことは，大人でもままある。推敲をした後に，やはり構成をやり直したいと思うこともある。そのような時，学習過程を一過性のものと諦めるのではなく，何度でも必要な学習過程に立ち返り，自分の作品に向き合うことを大切にすべきである。本単元ではそのような考えに基づき，子どもを指導してきた。

❷筋道を立てて文章を書く手助けとなるよう，付箋で思考を可視化する

　本単元では，様々な色や大きさの付箋を活用する。書く活動における思考

の可視化とは，自己や他者のその時その時の思いや考えを，確実に記録し蓄積していくことに意味があると考えるからである。また，子どもが「書く」ことに手間を感じることのないよう，取材した際にメモしたものがそのまま構成に使えたり，構成したものに手を加えれば記述に生かすことができたりと，様々な工夫を施す。今行っている活動が必ず次につながるという見通しがもてることで，子どもは初めて楽しみながら書くことができるのである。併せてその際に付箋を活用することは，子どもの思考の整理を助けると考える。段落相互の関係を意識しながら付箋を動かしたり，不要な付箋を外したりすることで，筋道立った文章となるよう組み立てることができる。

2
単元のねらいと概要

　本単元では，「自分のクラスは〇〇なよいクラスだ」という自分の考えが伝わるように，その理由としてクラスのグッドポイント（＝よいところ）を集め，具体的な根拠となる事例を挙げて意見文を書く。自己の主張に説得力をもたせるため，〔双括型の段落構成を理解すること〕と〔考えに対する理由とその具体例を述べること〕という論の展開の仕方を学習することをねらいとした単元である。また，学年で「クラス自慢大会」を開いてお互いの意見文を読み合い，考えが伝わったかについて意見を交換したり，よいところを見つけ合ったりする活動を設定する。自分の考えが読み手に伝わることの有用感を得られる経験にもなると考えた。

3
主な評価規準

○自分の考えに説得力をもたせるため，その理由や根拠となる事例を集めている。 　　　　　　　　　　　　　　　　　　　　　　　（書くこと　ア）
○伝えたいグッドポイントが自分の考えとして読み手に正確に伝わるよう，段落相互の関係を意識している。 　　　　　　　　　　　　（書くこと　イ）
○自分の考えの中心が読み手に伝わるように，理由とそれに関する事例を挙げて書いている。 　　　　　　　　　　　　　　　　　　　（書くこと　ウ）

Chapter3　実践編　思考の可視化ツールを活用した学び合いの授業プラン　**87**

○書いたものを友達と読み合い，考えが伝わったかどうかについて意見を述べ合っている。　　　　　　　　　　　　　　　　　　　　（書くこと　カ）

・・・・・・・・・・・・・・・・・・・・・・・・・・・・ 4 ・・・・・・・・・・・・・・・・・・・・・・・・・・・・
単元のイメージ

学習過程		学習の流れ
第一次	単元の価値，目標の理解と課題設定	第1時　単元の価値と目標をつかみ，学習の見通しをもつ。…❶ ○自分の主張を伝えるために意見文を書くことについて話し合う。 ○伝えたい相手について学級で話し合い，相手意識を醸成する。 クラスのグッドポイントを見つけ，意見文にして伝えよう。 ○教師の例文を読み，意見文を書くための学習計画を立てる。
第二次	取材（集材）	第2時　学級のグッドポイントを集め，項目ごとに整理する。…❷ ○集めたものが，どのような項目に分けられるか話し合う。
	取材（選材）	第3時　伝えたいグッドポイントを選び，自分の主張を決める。 ○自分が書きたいと思うグッドポイントを3つ選ぶ。 ○選んだ3つのグッドポイントを集約し，「○○なクラス」と価値づける。 第4時　自分の主張が伝わる具体例を選ぶ。 ○グッドポイントにまつわる具体例を付箋に書き，自分で選んだり話し合いを通じて書き加えたりする。
	構成	第5時　読み手に分かりやすく伝わるよう，構成を考える。…❸ ○双括型で書くことや段落相互の関係について，例文からおさえる。 ○付箋を入れ替えたり必要のないものを外したりし，全体の構成を整理する。
	記述	第6・7時　構成メモをもとに意見文を書く。 ○ヒントや交流コーナーを活用し，意見文を書き上げる。
	推敲	第8時　書いた意見文を，ポイントに沿って読み返す。 ○誤字脱字や文章全体の構成，表現の仕方等に着目し読み返す。
	交流	第9時　「クラス自慢大会」を開き，よいところを伝え合う。 ○友達と読み合うことで思いや考えを深めるよう，場を設ける。

・・・・・・・・・・・・・・・・・・・・・・・・・・・・・・ 5 ・・・・・・・・・・・・・・・・・・・・・・・・・・・・・・

単元全体の思考の可視化のポイント

❶課題解決に向かってどのように学習をするのか，子どもが主体となって学習過程を言語化し，明確にする（相手意識の醸成）

　学級のよいところを見つけ，自分の主張に沿った意見文にするという活動において，最も大切なことは「誰に」読んでもらうかの相手意識である。子どもにその問いを投げかけたところ，担任だけでなく校内の他の教員，友達，家族や兄弟等，実に多様な読み手を想定することが分かった。段階を踏まえてそれぞれに読んでもらうことを設定し，その上でどのように学習を進めれば意見文を書くことができるのかを学級で話し合った。子どもたちとのやり取りは以下の通りである。

Ｔ「意見文を読んでもらう人は決めましたね。何をしなければいけない？」
Ｃ「意見文を"書く"時間が必要」
　　→当たり前だが，要となる答えである。ここから話し合いが深まった。
Ｃ「そのためには"構成"を考えないと」
　　→ここで"構成"とは何かを問いかけると，既習事項として【始め・中・終わり】が使えそうだという意見があがった。
Ｃ「書く材料を集めないといけないね」
　　→"取材"という言葉は出てこなかったので，「『例えば』を集めよう」というように，分かりやすい表現に言い換え，示した。
Ｃ「友達と読み合って，いいところを真似したり間違いを直したりしたい」

　このように，書くために何をしなければならないのかについて，こちらが想像する以上に子どもは具体的に意見を述べている。子どもが必要感をもって学習活動を開始することができるよう，導入における問いかけを工夫し，子どもの言葉で計画表を作成することが重要であると考える。

❷学級全体で集まったグッドポイントを短冊で整理し，可視化する

　個人やグループで話し合い，グッドポイントを短冊に書いて集める。このために事前に声をかけておき，普段から学級のよいところに目を向けられる

Chapter3　実践編　思考の可視化ツールを活用した学び合いの授業プラン　**89**

よう配慮した。以下が子どもの見つけたグッドポイントの一例である。

・授業中の態度がいい	・考えをたくさん出す
・元気に遊ぶ人が多い	・走るのが速い人がいる
・病気で休む人が少ない	・元気にあいさつをしている
・掃除が上手	・友達思いの人が多い
・仲がいい	・字をていねいに書く

これらを「学習」「運動」「健康」「生活」「性格」等の項目に分け、板書として整理する。すると一見バラバラに思えるグッドポイントに、系統性ができる。集材を経てそれぞれの散在していた思考を、ここで一度可視化するのである。それによって他者の考えを知ることができ

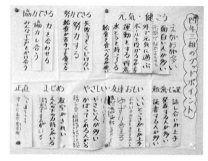

るだけでなく、自分が拠っていた価値について多様な考えを知ることで、学びを深めることができるのである。

❸付箋で段落相互の関係に気を付けながらの構成を引き出す

構成メモでは、上段にグッドポイントを選ぶ。下段にはその具体例を考え、付箋に書いて整理していく。上下の付箋の大きさを変えることで、どちらが論理構成において優位であるかを視覚的に分かりやすくする効果がある。と同時に、付箋は貼ったり剥がしたりで

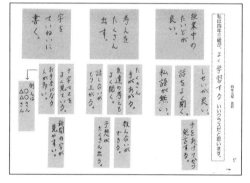

きるので、子どもが思考を整理するのにふさわしい学習ツールである。そういった学習ツールを用意することも、思考の可視化における工夫の1つである。

6

本時の流れ（4時／全9時間）

時	学習活動	指導上の留意点
10分	○本時のねらいを確かめ，グッドポイントについてその具体例の書き方を知る。全体 ・教師の構成メモがどのようにして意見文になるかを共有し，具体例の書き方を確かめる。ここでは，単元の導入で示した教師の例文を再度提示し，一つ一つの文章が元々どのようなメモであったのかを読み解いていく。そうすることで子どもは見通しをもって活動に取り組むことができる。	構成メモと例文を拡大し用意する。板書として活用し気付きを共有することで，全体が同じ方向性をもち学習を進めることができる。
15分	○具体例を考え，付箋に書き出す。個人 …❶ ・前時までに決めた項目について，その具体例を書き出していく。例えば「私は4年3組がよく学習するいいクラスだと思います」という価値に則るのであれば，それについての具体例を思い返していく。	「○○が△△」程度の短い文章を提示し，付箋に書く際の参考にするよう促す。
15分	○書いた付箋をもとに，グループで話し合う。 グループ …❷ ・同じ項目を選んだ子ども同士で3～4人のグループを意図的に編成しておく。それぞれの付箋を読み合って自分のものに書き足したり，新しく知った情報を増やしたりして，構成メモを充実させていく。	友達の考えは青鉛筆，全体の考えは赤鉛筆，というように書き足す際に色を分けるよう指導する。
3分	○具体例の中から，自分の主張に合うものを選ぶ。 個人 …❸ ・自分の考えに説得力をもたせるため，その論拠を支えることのできるような具体例を選ぶよう指導する。例えば，5W1Hを詳しく書くことができそうなもの，自分が実際に体験したこと等，付箋に短い言葉で書いた具体例を文章化しやすいようなものを選ぶよう，指導する。	構成であるので，書く順番も考慮に入れるよう指示する。本単元では，「自分が伝えたい順」とした。
2分	○学習のふり返りを行う。個人	

Chapter3　実践編　思考の可視化ツールを活用した学び合いの授業プラン　**91**

7
本時の思考の可視化のポイント

❶前時までの学習活動をもとにして，付箋に自分の考えや経験を書き出す

　学級で話し合い集めたグッドポイントについて，項目ごとに整理したものがあることは前述の通りである。それをもとにして具体的な事例を集め，自分の意見文の論拠として選ぶのが，本時の学習のねらいとなる。本単元では付箋を活用するが，ここでも子どもの考えを書き出すのに付箋を用いる。サイズは縦長の一般的なもので，字の大小によって書くことのできる量も調整可能である。（もちろん，小さくなりすぎないよう指導する。）ある項目についての自分の考えや経験を，１つの付箋に１項目ずつ書き，それを増やしていく。そうすることで伝えたい自分の考えや思い出した経験を，目に見える形で蓄積することができると考える。

❷他者との関わりの中で，得た情報を付箋で可視化する

　自分の考えや経験を書き出した後は，学級における他者との交流が重要となる。本時では，あらかじめ教師が意図的に編成したグループでの情報共有の時間を設定した。ここでは，同じテーマを選んだ子ども同士がお互いの付箋に何を書いたかを知り，それぞれの付箋を増やしていくのである。書くことの単元はともすると個人作業が多くなる傾向にあるが，実際に書く前の取材の段階で他者の情報を共有することは，学習者の思考を広げたり深めたりする上で非常に有効であると考える。友達と話し合った結果自分の付箋が増えることで，情報収集のあまり得意でない子どもも，意欲的に学習に取り組む姿が多く見られた。

❸集めた付箋の中から，自分の書きたいことに沿った内容のものを選ぶ

　自分の考えや経験，また情報共有の時間を経て書き溜めた付箋があることで，書きたいことを「選ぶ」ことが視覚的に容易になると考える。つまり，思いついた場当たり的な事柄を書くのではなく，書き出した様々ある中から優先順位をつけて選ぶのである。本時ではその優先順位を「自分が伝えたい順」としたが，始め・中・終わりにおける中の部分の構成を，子どもが思考

する場面につながる。そこに見えるものの中から選ぶ，という取り組みやすい形で学習の場面を設定することで，論理的な思考力が楽しみながらかつ自然と身に付くようにしたい。

8 評価の工夫

❶学習計画に沿って毎時間のふり返りを行い，次時へ生かす

学習計画表に毎時間ふり返りを書き込む。ここには，「今日の学習でできるようになったこと，うまくいったこと」「次の時間に生かしたいこと」「大切だと分かったこと」等，できるだけ前向きな自己評価を促していく。自己の学習活動をメタ認知する意味もあるが，教師が子どもの学習状況を把握することにも有効

である。書く単元の活動は，１単位時間の中で，比較的子どもの学びの変容が見えづらい。まったく何も書かなかったからといって，思考がはたらいていないとは言えないからである。そういった意味でも，子どもの学びを裏付けるために，ふり返りを書くよう指導することは肝要である。

❷完成した作品に読者からコメントをもらうことで，自分の学習への評価を得る

一般的に「作文」とは，子どもと教師とのやり取りで終わってしまうことが多い。しかし本単元では子ども自ら読む相手を決め，そのために作品を仕上げてきたことを最後まで強調していきたい。その仕上げとも言えるのが，読者からのコメントである。これもまた付箋でもよいし，作品自体を工夫してそこに書いてもらうことも可能である。（画用紙の裏面に作品を貼り付け，コメント欄と表紙とを一体化するような工夫もできる。）コメントをもらった時の子どもの嬉しそうな顔は，また書きたいという次の学びの意欲へと，確実につながっていく。

(髙桑美幸)

段落相互の関係を可視化する

単元名：段落どうしの関係をとらえ，説明のしかたについて考えよう

時期：2学期　領域：読むこと（説明的文章）　時間数：全8時間
関連教材：「アップとルーズで伝える」（光村図書4年下）

.... 1 ....
思考の可視化のポイント

　根拠を明らかにして自分の考えを書くために，以下の5つのポイントを手がかりにする。

❶資料を手がかりにする
○さし絵を参考にする。
○教室の掲示物を参考にする。
○新聞記事や写真，映像などを活用する。

　本単元では文章と図のつながりを読むことが目標となる。そのため実際に写真や図などの資料を用いながら読んでいくことが重要となる。そのために写真や図がどのような言葉で表現されているのか丁寧に確認しながら読み，それを根拠に自分の考えをもたせる手立てとした。

❷叙述を手がかりにする
○指示語，接続語，修飾語，文末表現に着目して考える。
○主語―述語，修飾語―被修飾語の関係に着目して考える。
○文章全体における文と文，段落と段落の相関関係が文章全体にどのような
　役割を果たしているか考える。
○段落相互の関係を考える。
○つなぐ，補う，替える，対応する表現に着目する。

　思考の可視化の欠かせない部分として言葉がある。確かに写真や図も重要であるが，論理関係を可視化するには言葉が最も重要であろう。この教材文

は対比構造を用いて書かれており，このような論理関係を書いて可視化することで論理的思考力を育成できると考える。

❸既習事項を参考にする

〇前時の学習と関連づけて考える。

〇今までの学習の仕方をもとに考える。

・文学的文章や説明的文章など

・他教科で学んだ事柄

　子どもに既習事項を明示しておくことで子どもが以前学んだことをすぐに使えるようにした。学んだことを子どもは忘れてしまいがちなので既習事項を可視化しておくことでいつでも思い出せるようにした。

❹自己の体験を想起する

〇遊びや学校生活，家庭生活での体験を想起する。

〇新聞や人から聞いた話などから，情報を想起する。

　体験自体は行動の記憶に過ぎず，それを言葉にして可視化することでその体験の意味を他者に伝えることができる。体験という言葉でないものを言葉にすることは低学年から行われているが，高度な思考であるので引き続き大切にしていきたい。

❺友達の発言を手がかりにする

〇何について話しているのかに注意して聞く。

〇話し手の根拠は何かを考えながら聞く。

〇話し手の考えと自分の考えを比べながら聞く。

　自分の思考だけでは根拠を言葉にできない子どももいる。そのため自分が気付かなかった思考を友達に可視化してもらい，そこから考えることは重要である。自分が言葉にできなかったことを友達に言ってもらい，それが言いたかったんだ，ということは大人でもよくあることである。自分の思考を可視化するのに友達の言葉は重要な手がかりとなる。

Chapter3　実践編　思考の可視化ツールを活用した学び合いの授業プラン　**95**

2
単元のねらいと概要

　本単元では，筆者の分かりやすい説明の仕方について考えていく。本教材は，テレビや新聞における「アップ」や「ルーズ」の定義や効果について述べた文である。子どもにとって２つの映像技法である「アップ」や「ルーズ」という言葉は，あまり聞き慣れない言葉である。しかし，「アップ」や「ルーズ」の定義やその長所と短所が，具体的な写真と文章で分かりやすく述べられているため，子どもは興味をもって読み進められる。

　ここで子どもに身に付けさせたい力は大きく分けて２つである。１つ目は段落相互の関係を読むことである。先にも論じたようにこの教材文は対比構造を用いて書かれているので，その構造を理解することは段落相互の関係を読むことになり，最終的には対比という論理的思考力の育成につながると考えられる。２つ目はさらに，写真との照応関係を読むことである。どの写真がどの言葉と結びついて使われているかを読むことで，図と言葉を結び付けて読む能力を育てることができると考える。どうしても国語は文章を読むことだけに集中しがちであるが，図を含めた非連続型テキストを読むことも今求められている重要な読む力の１つである。このように本文の説明の仕方自体が，分かりやすく伝えるための工夫が凝らされている。筆者の説明の仕方の工夫に気付き，どのような工夫が施されているのか考えることにより，自らが表現する時の工夫として活用できる。また，次の単元の「『クラブ活動リーフレット』を作ろう」という書くことの単元と複合単元にし，写真と文章を対応，対比させて書くという言語活動を設定した。子どもが目的をもって文章を読み，学習したことを生かすことができる。

3
主な評価規準

○それぞれの段落の役割を，本文の内容から理解している。（読むこと　イ）
○写真と本文の対応関係を理解している。　　　　　　　　（読むこと　エ）

96

・・・・・・・・・・・・・・・・・・・・・・・・・・・・・・・ **4** ・・・・・・・・・・・・・・・・・・・・・・・・・・・・・・・

単元のイメージ

学習過程		学習の流れ
第一次	単元の価値，目標の理解と課題設定	第1時 **単元の価値と目標をつかみ，学習の見通しをもつ。** ○本文を読み，初発の感想を書く。 ○学習課題を設定し，見通しをもつ。 筆者の分かりやすい説明の仕方の工夫を見つけよう。 ○形式段落に分け，さらに「始め・中・終わり」に分ける。
第二次	本文の読み取り	第2時 **「始め」で筆者がどのような説明の仕方の工夫をしているのか，考える。** …❶ ○第1・2段落を読み，写真と文章の対応を捉える。 ○第3段落を読み，アップとルーズの定義を理解する。 ○「始め」で筆者がどのような説明の仕方の工夫をしているのか，自分の考えをまとめる。 第3時 **「中」で筆者がどのような説明の仕方の工夫をしているのか，考える。** …❶ ○第4・5段落を読み，写真と文章の対応を捉える。 ○アップとルーズの長所・短所を見つける。 ○第6段落を読み，「このように」という言葉に着目して，アップとルーズの特徴をつかむ。 第4時 **「終わり」で筆者がどのような説明の仕方の工夫をしているのか，考える。** …❶ ○第7・8段落を読み，何が書かれているのか読み取る。 ○「終わり」での説明の仕方の工夫についてまとめる。
	段落構成図の作成 話し合い	第5時 **段落構成図を作成し，筆者の分かりやすい説明の仕方の工夫について自分なりに考える。** …❷ ○付箋を操作して，段落構成図を作成する。 第6時 **段落構成図をもとに話し合い，筆者の分かりやすい説明の仕方の工夫についてまとめる。** …❷
第三次	学習したことの活用 ふり返り 価値づけ	第7時 **アップとルーズの写真を対比させて説明する文を書く。** ○教師が用意した2枚の写真を対比させて説明する。 第8時 **説明の仕方の工夫について話し合い，学習をまとめる。** ○写真と文章の対応，対比した表現のよさについて話し合う。

Chapter3　実践編　思考の可視化ツールを活用した学び合いの授業プラン　**97**

5
単元全体の思考の可視化のポイント

❶言葉で具体的な読みを抽象化する

　第二次では,「始め」「中」「終わり」の内容を読んだ後には,毎時間筆者の説明の仕方の工夫について,自分なりにノートに言語化させた。具体的に読んで考えたことを言葉で可視化して記録していくことで,本文を読み深めて内容を積み重ねて理解することができる。

　ここでは本文という「具体」と,それを書いた筆者の意図という「抽象」をくり返し往復する学習過程を組むことで,内容だけでなく,そのような構成で書いた筆者の意図を具体と抽象の両面から理解することができ,書く時に生きる能力にになると考える。

❷名前マグネットで話し合いを可視化する

　話し合い活動を通して,自分の考えを深めたり,広げたりすることができる。筆者の説明の仕方の工夫について話し合う際は,子ども主体で行う。教師は指名をせず,子どもが自由に起立して発言をする。子どもは,名前が書かれたマグネットを黒板に貼ることで自分の立場を示す。

　自分の名前が書かれたマグネットを立場のところに貼って明示するので自分がどの立場なのか,周りの友達はどのような立場なのかを理解しながら話し合うことができる。

　また友達の考えを聞いて発言するので,聞く人は友達の話を注意深く聞かなければならない。その際にマグネットがあることで,子どもは誰のどのような意見があるか視覚的にも理解できるので,子どもの聞く活動を補助できる。この流れをくり返し行うことで,論理的思考力を育成するとともに,主体的な読みにつながる。

6
本時の流れ（6時／全8時間）

時	学習活動	指導上の留意点
7分	○前時までの学習を想起する。 ○学習課題を確認する。	
	段落構成図をもとに，考えた理由を説明しよう。	
10分	○前時に考えた段落構成図をもとに，対話をする。 …❶❸ ・第1段落と第2段落は，対比の関係になっています。 ・第1段落と第2段落のまとめが，第3段落です。 ・第4段落と第5段落は，対比の関係になっています。 ・第4段落と第5段落のまとめが，第6段落です。 ・第6段落と第7段落は，テレビ（動画）と新聞（静止画）について説明していて，類似の関係になっています。 ・第8段落は，全体のまとめです。	本文の叙述を根拠として，自分の考えた理由を説明できるようにする。
5分	○友達の考えを聞いて，見直す。	自分の考えを消さずに，対話後の考えを付け加えるようにする。 どれか1つを正解にするのではなく，子どもの思考を大切にする。 全体の交流場面で，子どもから出てきたキーワードが，筆者の説明の仕方の工夫であることを確認する。
15分	○全体で交流する。 …❷	
8分	○ふり返りをする。 ・話し合いを通して自分の考えを再度まとめ直し，ふり返りをする。	

Chapter3　実践編　思考の可視化ツールを活用した学び合いの授業プラン　**99**

7
本時の思考の可視化のポイント

❶全文プリントの活用

　全文プリントとは，教材文をＢ４サイズのプリントにしたものである。ページをめくる必要がなく，全文を見渡すことができる。そこに矢印などを書くことによって可視化することで段落相互の関係を考えやすくなる。全文プリントは段落相互の関係の可視化を引き出すツールとなる。

　また全文プリントは根拠を明確に友達に示すツールともなる。本時のように，自分の考えの根拠を友達に説明する際には，叙述をもとに説明をする。言葉や段落関係に注目しやすくなるので，対話をする時には，本文を指さし

ながら友達に説明をすることができる。話し言葉で伝えるだけでなく，説明している内容を可視化することで，相手にも伝わりやすい。聞き手は，話し手が何を伝えたいのか考えながら聞かなければいけないので，双方の思考力が高まる。

❷段落構成図を作り，段落相互の関係を可視化する

　第二次の最後に一人一人段落構成図を作成し，段落構成図をもとに話し合いを行った。自分が考えた段落構成図を説明する際には，根拠を示す必要があり，文章に書かれている内容やその因果関係を捉えていなければいけない。

　段落構成図を作成する際には，付箋に段落番号を書き，それを並べて示すことによって自由に入れ替えができるので，子どもが自由に思考できる。

　また段落構成図を黒板に貼って議論をする時に，抽象的な段落相互の関係が可視化されているので子どもにとって考えやすくなり，話し合いが活発になると考えられる。

　ここで注意したいのは段落関係図を無目的に書いたり，正解を決めたりするツールとして用いるのではないということだ。ここでは子どもの思考の可

視化ツール，話し合いを活発にするツールとして用いる。そのためどちらかが正解というわけではなく，子どもが理由をもってこのような構造だと言えるかどうかを重視した。

❸前時までの学習の記録を掲示しておく

　自分の考えをもつために，子どもは様々なものを手がかりにする。その1つに教室環境がある。これまでの学習の記録や掲示物を参考に思考する。

　既習事項を可視化して残しておくことで，子どもが既習事項を使いたいが忘れている時にそこを見れば思い出すことができるので子どもへの支援となる。また教師としても以前学んだことを使って本時の学習に取り組んでほしいので授業を活発にする大きなツールとなる。

　既習事項や前時までに読み取った内容など，学習の記録を可視化することによって，子どもが説明する際の手がかりとなる。

8
評価の工夫

　「『クラブ活動リーフレット』を作ろう」という単元を複合単元として扱うことで，子どもが目的意識をもって主体的に本教材を読むことができる。学んだことを生かしてリーフレットを作るので，子どもの学習意欲も高まる。

　また，子どもは今年度から始まったクラブ活動を毎回楽しみにしている。しかしながら，実際に他のクラブ活動がどんな活動をしているのか，詳しくは分かっていない。自分が所属しているクラブ活動の楽しさやよさを「アップ」と「ルーズ」の2枚の写真を使って説明し，他のクラブ活動に所属している友達に紹介をする。さらには，来年度からクラブ活動が始まる3年生にもリーフレットを読んでもらい，クラブ活動を決める際の参考にしてもらう。3年生にも分かりやすいリーフレットにするために，これまで学んだことを生かして作成することができる。

　このように読んで理解したことだけを評価するのではなく，それをどのように生かしたかも見ていくことで生活に生きる力を評価することができる。

（石野夏子）

Chapter3　実践編　思考の可視化ツールを活用した学び合いの授業プラン　**101**

9 第5学年

ことばポストで考えを明確にして，文章に書く

単元名：考えを明確にして話し合い，グループで提案書を書こう

時期：2学期　領域：話すこと・聞くこと，書くこと　時間数：全13時間
関連教材：「明日をつくるわたしたち」（光村図書5年）

······························· 1 ·······························
思考の可視化のポイント

❶ことばポストで文章表現の工夫を意識づける

　日頃から語彙に対する興味を高め，文章表現を工夫する意識を高めるために，「ことばポスト」の取り組みを継続的に行っている。読書の際に手にする図書や，教科書教材の物語文・説明文などの文章の中から，文章表現の工夫や，印象に残った言葉を見つけたら，カードにその内容を記入し，学級に設置してある「ことばポスト」に投函する。カードには，下記の内容を記録するようにする。

```
見つけたことばの当てはまる項目に○を付ける
（　）気持ちを表すことば
（　）どんな人物かを表すことば
（　）どんな物や事柄かを表すことば
```

　言葉や文章を抜き書きし，また取り上げた本の題名も記録するようにする。子どもから集まった言葉や文章は，ワークシートに一覧で提示することで可視化し，子どもが書く活動を行う際には進んで活用できるように促す。また，教科書（光村図書）の巻末に記載のある「言葉のたから箱」の内容も十分に活用し，合わせてワークシートに提示するようにする。この活動を継続的に行うことが，子どもが日頃から文章を書く際に，意識して文末表現の工夫を行ったり，言葉に対する興

102

味をもって文章を書いたりすることにつながり，文章表現により広がりをもたせることができる。

2
単元のねらいと概要

　本単元では，自分たちの身の回りにある問題点について考え，それらの問題の現状や解決方法ついて，提案内容を小グループで話し合い，提案書にまとめる（書く）活動を行う。単元の重点指導事項としては，提案することを話し合う際の「話すこと・聞くこと」，提案書を書く際の「書くこと」の2つを設定する。「話すこと・聞くこと」では，個人の考えを出し合い，小グループで考えをまとめる活動を行う。グループ内の話し合いの時間と，グループ外の友達と意見を交流する時間をともに設定し，より広い視野で問題や解決方法についての考えをもてるようにする。「書くこと」では，提案書の内容が読み手を納得させる内容や書きぶりである必要があることを理解し，表現方法を工夫しながら文章にまとめる力を身に付けさせる。本単元を通して，自分の考えを報告書にまとめる力を身に付けるとともに，自分たちの身の回りの問題について今まで以上に関心を高め，自分たちにできることは何かを考えさせ，実践につなげるきっかけにしていきたい。

3
主な評価規準

○他のグループの提案書について，考え方の違いを見つけ，意見を伝え合っている。　　　　　　　　　　　　　　　　　　（話すこと・聞くこと　オ）

○提案書の表現や構成を理解して，自分の考えを書いている。

　　　　　　　　　　　　　　　　　　　　　　　　　　　（書くこと　ウ）

○読み手が分かりやすい文章になるように，構成や表現を見直し，工夫している。　　　　　　　　　　　　　　　　　　　　　　（書くこと　イ）

○言葉から受ける感じや，言葉の使い方ついて関心をもち，説得力が増すように表現を工夫している。　　　　　　（言語についての知・理・技）

Chapter3　実践編　思考の可視化ツールを活用した学び合いの授業プラン　103

4
単元のイメージ

学習過程		学習の流れ
第一次	単元の価値，目標の理解と課題設定	第1時　学習全体の見通しをもつ。　　　　　…❶❷ ○学校や地域に目を向け，生活をよりよくするための報告書を書くことを知る。 ○学校・地域の問題点を挙げ，全体で共有する。 よりよいくらしになるためにグループで提案書を作ろう。 第2時　グループごとにテーマを決める。 ○学校・地域の問題点について，グループごとに話し合いテーマを決める。 ○報告書を書くために必要な事柄を，教科書の提案書を見ながら確かめる。
第二次	問題点について多面的に捉える 解決方法の検討 提案書の作成	第3時　友達のテーマについて意見を交流する。　　…❸ ○グループごとに，問題点として取り上げる内容を精選する。 第4時　具体的な解決方法について話し合う。 ○問題点に対する具体的な解決方法についてグループで話し合う。 第5・6時　話し合った事柄を提案書にまとめる。 ○問題点と，問題点に対する具体的な解決方法について，相手に伝わるように文章にする方法を考える。 第7時　提案書の文章を推敲する。 ○問題点と，問題点に対する具体的な解決方法について，表現の仕方に気を付けながらグループごとに文章を推敲し合う。 第8〜10時　提案書全体の文章を構成する。 ○提案書の冒頭部，問題点についての現状について，相手に伝わるように文章にする方法を考える。 ○グループごとに役割を決め，文章を作成する。 ○提案書全体の文章を表現の仕方に気を付けながらグループごとに推敲し合う。
第三次	発表会 ふり返り	第11・12時　提案書発表会をする。 ○提案書を発表し，感想を交流する。 第13時　学習のまとめをする。 ○発表会をふり返り，自分たちの生活にどのように生かしていくかを考える。

5
単元全体の思考の可視化のポイント

❶サンプルで単元のゴールを明確にする

　１時間ごとに学習して身に付けた力が，単元の終わりにどのように活用されるのか，子どもが目的意識をもって学習に臨めるように，単元のはじめに，提案書のサンプルを提示した。

　本単元では，グループごとに提案書を作成することを学習のゴールとした。サンプルを提示したことによって，各時間で学んでいることが，提案書作成の為のどの部分に活用できるのかがより明確になった。

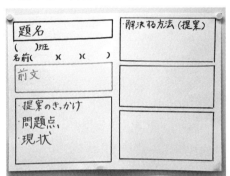 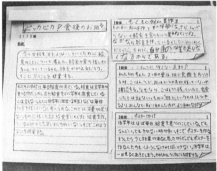

❷ワークシートで単元全体の見通しをもたせる

　単元のはじめには，学習課題作りを行う。子どもが単元全体に見通しをもって取り組めるように，ワークシートに学習内容を一覧としてまとめる。ワークシートには"学習課題"と"学習感想"を記入する欄を設け，各授業のねらいをふり返った感想を書かせる。子どもが学習の積み重ねを自覚でき，また１時間で身に付けた力を次時へどのようにつなげていくかがより明確になる。指導者側が毎時間の子どものふり返りを確認することによって，学習のつまずきを把握するきっかけとなることも期待できる。ワークシートは拡大して教室に掲示し，学級で学習のふり返りを共有できるようにする。

Chapter3　実践編　思考の可視化ツールを活用した学び合いの授業プラン　105

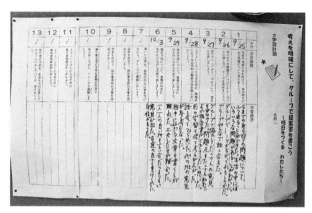

❸他の子どもの考えを可視化する

　本単元では，自分たちの身の回りにある問題について考え，それらの問題点の現状を捉えた上で解決方法についてどんな提案をするのかを小グループで話し合い，提案書にまとめる内容である。第二次３時では，小グループ（３人組）で，自分たちが決めたテーマについて様々な視点で問題点を出し合う。自分たちが考えたテーマに対する問題点は黄色，他のグループが考えてくれた問題点は赤色の付箋に記録し，模造紙に一覧で掲示する。

　一覧にすることによって，１つの問題点にも様々な視点で捉えることができることが一目で分かる。子どもは自分たちが提案書をまとめる上で必要となる問題点を，挙げられた付箋から選ぶようにする。このことによって，学習に広がりをもたせることができる。友達と意見を交流することで自分の考えをより明確にすることにもつながる。

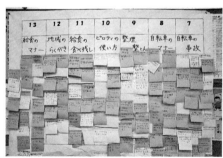
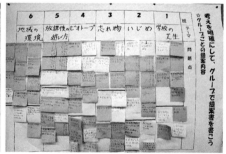

6
本時の流れ（4時／全13時間）

時	学習活動	指導上の留意点
5分	○前時までの学習をふり返り，本時の課題を確認する。 …❶	友達の意見を聞いて新たに気が付いた問題点も含め，自分たちのテーマに対する問題点を明確にする。
	よりよいくらしになるために，問題点に対する具体的な解決方法をグループで話し合おう。	
35分	○問題点を1つ取り上げ，解決方法を全体で話し合い，意見をまとめる。【例】廊下・階段について …❷ ○自分たちのグループのテーマに関する問題点について，その解決方法を話し合う。	具体的な例を示して全体で話し合うことで，話し合いの仕方を確かめる。 小グループでの話し合い活動を行う際には，問題点を1つずつ取り上げて解決方法を考えるようにする。 話し合いの時間は，タイマーで視覚的に分かりやすく提示することで，見通しをもって話し合いが進められるようにする。 …❸
	○グループで話し合った内容を，発表する。 実物投影機を使って，グループで話し合った内容を全体で共有し合う。	友達の意見から，自分たちの報告書に生かせる内容は，ワークシートに書き足すようにする。
5分	○本時の学習をふり返る。	ワークシートに本時のふり返りを記入し，発表する。

Chapter3　実践編　思考の可視化ツールを活用した学び合いの授業プラン　107

7
本時の思考の可視化のポイント

❶ホワイトボードで１時間の授業の流れを可視化する

　毎時間，１時間の学習の内容をホワイトボードで提示し，学習の流れを示す。学習の進み具合に合わせて星印を動かし，何について学習をしているのか取り組む内容を視覚的にも分かるように提示する。

　学習の流れを可視化することで，どの子どもも安心して学習に臨めるようになり，また見通しをもって課題に向き合うことができる。

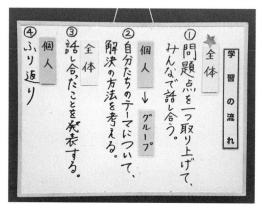

❷板書で学習内容を整理する

　学習のめあては青囲みにして，どの授業でも分かりやすく提示する。学習のめあて・話し合い・ふり返りは短冊にし，毎授業同じ物を活用する。

　本時では，各グループでの話し合いに入る前に，全体で【廊下・階段について】という子どもがより身近な問題として考えやすい内容を例に挙げ，その問題点と解決方法を全体で考える時間を設けた。板書では【廊下・階段】の写真を提示し，日常をふり返りやすいように工夫した。例を挙げることにより，グループでの話し合いの際にどのような視点で話し合いを進めたらよいかをイメージしやすくした。話し合いの際には，話し合いの時間を予め子どもに伝え，拡大タイマーを使用しながら，話し合いの時間配分にも見通しをもたせるようにした。

❸話し合い中の語彙をことばポストから使う

　話し合い中も語彙が子どもの目に入るようにワークシートで提示した。そのことにより子どもはその言葉を用いて話し合いに参加することができる。その効果は2つ考えられる。1つ目は話し合いが充実することである。自分の考えに合う言葉を使えることで話し合いがかみ合い深い内容も話し合うことができる。2つ目は言葉を自分のものにすることができることである。具体的な状況の中で言葉を使うことで，その言葉をきちんと自分のものにすることができる。

8
評価の工夫

❶ワークシートを活用し，単元全体をふり返る

　提案書発表会を通して，自分たちのグループの発表内容をふり返る時間を設ける。相手に分かりやすい内容で文章を書くことができたか，提案内容がより具体的で分かりやすい内容であったかをふり返り，自己評価できるようにする。また他のグループの提案内容を聞いて，考え方の違いに気が付いたり，表現方法の工夫に着目して，発表のよさをふり返ったりすることができるようにする。

（奥村麻衣）

まんがの「ひみつカード」で筆者の論理に迫る

単元名：まんがの「おもしろさのひみつ」を解説しよう

時期：3学期　領域：読むこと（説明的文章）　時間数：全6時間
関連教材：「まんがの方法」（教育出版5年）

.... 1 ....
思考の可視化のポイント

❶文章と図表（まんが）を結び付ける

　子どもたちにとって教材文にまんがが描かれることは，とても興味深く「どんな学習をするのだろうか」と期待をもった導入が考えられる。子どもたちの興味・関心と教材文で身に付ける国語の力の重なりに留意した授業展開を図っていく。高学年での説明的文章においての思考の可視化として，始めに「文章と図表などを結び付ける」ことを学習する。ここで言う図表とは，筆者の紹介するまんがである。この文章とまんがの結び付きから必要な情報を正確に読む力が付くと考える。

❷まんがの「ひみつカード」から論の進め方について考える，表現する

　まんがの方法として紹介されている7つの事例を理解することが教材文の内容面を読むことだけではなく，筆者が事例についてどのように述べているか，その論理展開を読むことにもつながると考える。教材文「まんがの方法」は，よく知られている方法を示す事例からあまり気付かれない方法を示す事例へと順立てて文章構成がされている。まんがの「ひみつカード」を用いて，筆者の論の進め方のよさや妥当性，また自分であればどの順序で並べて説明するかといった思考を引き出す。具体的にはまんがのひみつカードを自由に並び替え，その並べた順に意味づけなどの説明をさせる。

❸自分が選んだまんがを活用して，事例を考え，説明文を書く

　教材文で紹介されている7つの事例がまんがを描くための方法の全てでは

ない。そこで子どもたちに「他の事例を思い出してごらん」「その事例の方法と効果について説明できる？」と投げかけてみる。自ずと「まんがを持ってくれば分かる。説明できる」と言うだろう。ここでは，筆者の書きぶりを真似て説明文を書くことを中心課題とする。説明文から，筆者とは違う方法を読んでいるか，文章とまんがの結び付きの整合がとれているか，方法とその効果について順序立てて述べられているかを可視化できると考える。

……………………………… 2 ………………………………
単元のねらいと概要

　本単元では，教材文で理解したまんがの表現方法（事例）をもとに，自分が選んだまんがから「まんがの方法」を見つけ出し，説明文を書く活動を行う。また，見つけ出した事例から，筆者の事例の述べ方の妥当性を考えたり，自分がまんがの方法として，おもしろさを感じる方法について紹介したりするなど，多角的なものの見方や考え方を取り入れた指導展開を図っていく。「まんがの方法」は7つのストーリーまんがを事例として，筆者が「おもしろさ」を生み出す方法を説明している。教材として，読者にただ納得だけを求めるのではなく，自分でもまんがの方法を見つけていくこと，そのことがまんがをより楽しむことにつながると考える。日常的に親しみのあるまんがを教材文で「おもしろさ」を解明し，自分が選んだ複数のまんがから「おもしろさ」を表出する活動は，子どもたちにとって，興味深い学習になる。

……………………………… 3 ………………………………
主な評価規準

○まんがの方法で筆者が取り上げた事例について，目的に応じて，文章とまんがを結び付けるなどして必要な情報を見つけたり，論の進め方について考えたりしている。

（読むこと　ウ）

○まんがの方法の事例と比較しながら，複数のまんがを読むことができている。

（書くこと　カ）

Chapter3　実践編　思考の可視化ツールを活用した学び合いの授業プラン　**111**

4
単元のイメージ

学習過程		学習の流れ
第一次	単元の価値，目標の理解と課題設定	**第1時** 単元の価値と目標をつかみ，学習の見通しをもつ。 ○これまで読んだまんがの中で，印象に残る作品について話し合う。また，1枚のストーリーまんがを提示し，おもしろさや工夫について気付いたことを話し合う。 ○単元名とリード文を読み，まんがの方法とその効果がおもしろさにつながることを理解する。 まんがのおもしろさのひみつを研究しよう。 ○「まんがの方法」の全文を読み，学習の見通しをもつ。
第二次	文章と資料（まんが）を結び付けた内容理解	**第2・3時** 筆者が紹介する7つのひみつを読む。 …❶ ○紹介する7つのまんがの方法について全体で確認する。 ○まんがの方法とその効果を資料（まんが）と結び付けた「ひみつカード」として書きまとめる。 ○「ひみつカード」を筆者の説明順に並べる。 **第4時** 筆者の説明の仕方や順序の妥当性を考える。 …❷
	筆者の説明の仕方の検討と自分なりの論理展開	○段落内の説明・効果・具体となる絵の構成であることを理解する。また，内容のおもしろさをより分かりやすく伝える工夫に着目する。 **第5時** 自分が伝えたい3つの事例を選び，その順序と効果について説明する。 …❸ ○自分がまんがのおもしろさを伝える立場で考える。
第三次	説明文の書き加えふり返り価値づけ	**第6時** 「まんがの方法」のおもしろさのひみつ（続編）について解説文を書く。 …❹ ○自分が選んだまんがから，読み手にどのような印象を与えるか，効果についてまとめる。 ○学習のふり返りを行う。

·· 5 ··
単元全体の思考の可視化のポイント

❶筆者があげた事例を文章と資料（まんが）を結び付ける

　「まんがの方法」には，まんがに特有の共通した７つの表現方法が事例と
してあげられる。この事例を子どもが文章中から発見し，資料との関連づけ
を図ることで，まんがのもつおもしろさの秘密に気付かせていきたい。教材
文には６枚の資料（事例と関連づけたまんがのコマ）が掲載されている。こ
の６枚の資料を印刷（例えばＢ６サイズ・画用紙）し，方法と効果につい
て書き込みをさせる。資料のどこに着目し，正確に文章を読み，方法とその
効果を書きまとめたものをまんがのおもしろさを伝える「ひみつカード」と
する。このカード化にする意図として，ノートに書きまとめるよりも，学習
を進めていくうちにカードの枚数が増えることの達成感があること，また，
カード化にすることで，次の学習で扱う構成の並び替え，自分が必要である
と思う事例の選択にも活用できる。

　また「ひみつカード」には，まんがの方法に対しての自分の考えを自由に
書くことができるようにする。方法が「楽しい」「分かりやすい」などに留
まらず，筆者の考える効果の他に，自分なりに感じたことを表出させたい。

❷「ひみつカード」で筆者の述べ方に着目し，その工夫を捉える

　説明的文章では，筆者は読み手に自分の伝えたいことをできるだけ分かり
やすく，興味・関心をもってもらうような工夫をしている。教師が一方的に
筆者の述べ方を伝えるのではなく，子どもたちがその工夫に着目し，主体的
に読むことができる手立てをとっていく。「まんがの方法」では，段落ごと
に「表現方法―その効果」が書き表してあること，資料としてのまんがを載
せる効果を工夫として捉えることができる。教材文には載っているまんが
（イラスト）をなくしたらどうであろうか。実際に，文章のみの教材文を用
意し，比べ読みした印象についても話し合う方法もある。

　また，７つの方法の順序は，誰もが知っている方法から説明を受けると
「なるほど」と思える方法まで，筆者の「おもしろさを知ってほしい」とい

Chapter3　実践編　思考の可視化ツールを活用した学び合いの授業プラン　**113**

う意図を読み取ることができる。この意図を読むために，前時で作成した「ひみつカード」を使った文章構成の並び替えを行い，筆者の述べ方の順序性について考える。あえてカードの順序をばらばらにさせ，子どもたちが具体的な操作によって，筆者の構成工夫のよさに気付かせる。

❸自分が考えた「事例構成表」を友達と比較し，伝えたい方法を選ぶ

　子どもたちが作成したまんがのおもしろさを伝える「ひみつカード」6枚のうち，自分がまんがの方法として取り上げたい事例を3つ選ぶことにする。3つである理由として，まんがのおもしろさを伝えるうえで，特に必要な事例を選択すること，優位についても考えさせるためである。取り上げたい事例を選び方として，「おもしろさのひみつ」として自分が伝えたいこと，読み手にとって興味・関心が高まることにする。その後，自分が何を選び，どのような順序で述べていくか手持ちのカードを並べる。合わせてその理由についても考えさせたい。ペアやグループの話し合いから，筆者の説明を受けての「自分の読み」を進めていく。

❹「まんがの方法」（続編）とした，オリジナル解説文を書く

　教材文最終段落には，読者への「まんがの方法」を見つけてみようとするはたらきかけが書かれている。ここで自分が選んだまんがから他にどんな「まんがの方法」があるかを考え，解説文を書く活動を行う。実際，選んだまんがから筆者が述べた方法以外を探し出すことは難しい。そうした場合は，同じもの，類似するものに着目させ，筆者の書きぶりを真似させるなどの手立てを図っていく。教材文と同じ方法であっても，読み手に与える効果の違いについて書きまとめていく。

　さらに「自分だけが見つけたおもしろさ」について触れる。学習方法として，「〇〇の方法」など，自分でタイトルを決めたカードを作成し，そのカードには「タイトル」「表現方法」「効果」を書く。この際も，筆者の書きぶりから「表現方法

―その効果」を中心に書くことや文末表現を工夫するなど，読み手にとって
分かりやすい解説文を書く意識をもつ。完成したカードは，ペアやグループ
で交流する時間を設定する。まんがの方法の事例と比較しながら，複数のま
んがを読み，様々な表現方法があることにつなげていきたい。

.... 6 ....

本時の流れ（5時／全6時間）

時	学習活動	指導上の留意点
8分	○前時のふり返りとして，文章構成図から筆者の意図を捉える。 ・読み手の「知っている内容」から「あまり知らない内容」の順列であること。読み進める楽しさを感じることができる。	6つの方法を視覚的に分かるようカード化しておく。
17分	○自分なりの「事例構成表」をつくる。…❶ ・作成した「ひみつカード」のうち3枚選び，意図を考えた構成表とする。 ・取り上げたい事例の選び方として，「おもしろさのひみつ」として自分が伝えたいこと，読み手にとって興味・関心が高まることにする。	構成表の表し方を共通するために黒板で例示する。 学習の実態に応じて，2枚選ぶことでもよい。
10分	○ペア交流を行う。　　　　　　…❷ ・カードを3枚並べ，「なぜ，この順番なのか」「順番の効果」について，短く説明し合う。	ペアでの話し合いを行い，全員が考えを発表する機会をもたせる。
10分	○学習のふり返りを行う。　　　…❸ ・自分の構成表に妥当性があるか，また，筆者の構成の効果についても再考する。	書き手の意図を考えることで，解説文を書く際に活用させる。

Chapter3　実践編　思考の可視化ツールを活用した学び合いの授業プラン　**115**

7
本時の思考の可視化のポイント

❶自分が選んだまんがの方法で構成表を作り，その効果を考える

　自分の力で構成表を作るには，教材文全体の意味理解，筆者の意図や思考を読むこと，構成の効果を自分なりに考えるなど教材文との対話が求められる。自分だったら読者にどう伝えるかという筆者視点に立った言語活動を本時では行う。

　まず，「まんがの方法」として取り上げたい事例を３つ選ぶ。事例の選び方として，「おもしろさのひみつ」として自分が伝えたいこと，読み手にとって興味・関心が高まることにする。子どもたちは，事例（カード化されたもの）を説明順序や内容の優位を意識して，何度も並び替えながら，作成する構成に説得をもたせていく。また，構成について「この述べ方には，こんな効果がある」というねらった構成の効果についても考えさせたい。

❷他者に自分の意図を分かりやすく説明する

　自分が考えた構成表をペアで見せ合い，自分の考えと他者の考えを比較したり，自分の考えを修正したり，友達の考えを取り入れたりする。ICT機器で教師モデルの構成表を拡大提示し，意図を分かりやすく説明する，その説明法ついて学級で話し合う。話し合うポイントとして，カードを３枚並べ，「なぜ，この順番なのか」「順番の効果」について，短く説明し合うこととする。説明を繰り返し，多くの友達との交流の中で，他者の考えを認め合い，自分の考えに自信をもつ取組にしていく。

❸板書を活用した学習のふり返りをする

　黒板上に考えの過程を可視化させることは，学習を活性化する上で，必要不可欠な要素となる。板書には，前時で学習した筆者の構成とその効果を載せ，自分の構成表を作る際の参考にするだけではなく，学習のふり返りにおいて，筆者と自分についての比較をさせる。また，数名の構成表についても黒板に掲示し，他者と自分を比較させて考えさせたい。また，ふり返りには，「今日の授業で学んだこと」や「構成を考える時のコツ」などにも触れ，学

習者の学びを認めていくことをねらいとする。

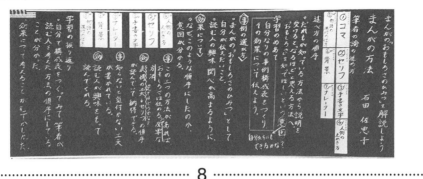

8
評価の工夫
❶子どもたちに学習評価の「ものさし」を明確に示す

　本単元の評価規準として「文章と資料を関連づけて読むこと」「筆者の論理展開を読むこと」「解説文を書くこと」の3つをあげている。どの学習課題にも，カード化した具体物や解説文などの評価に対して，教師のモデル文や既習事項を活用しながら評価の観点をはっきりと示し，活動に取り組ませたい。つまずきが見られる子どもに対しては，「この内容を○行ぐらいで，このようにまとめるよ」と具体的なモデルを横に置くなど，学習モデルの真似から試行錯誤して自分のアレンジを加えた学習になった時，主体的かつ深い学びにつながっていく。

　また，単元を通したふり返りでは，「自分ができるようになったこと」や「今回の国語の授業でがんばったこと」を中心に，自分の学びをふり返る機会を大切にする。教師は一人一人の学びのふり返りに，肯定的なコメントを寄せ，子どもたちに身に付いた言葉の力を実感させていく。

〈子どものふり返り例〉

・読み手を意識した構成表を考えることができた。自分で作ってみると，筆者の考えがより分かるようになった。

・友達の解説文からまんがをおもしろくするためのひみつがたくさんあることを知った。これからは「表現の工夫」にも注目したい。　　　　（佐藤　優）

第6学年

身に付けた力を自覚する

単元名：よりよい討論会のあり方を見付けよう

時期：1学期　領域：話すこと・聞くこと　時間数：全6時間
関連教材：「学級討論会をしよう」（光村図書6年）

1
思考の可視化のポイント

❶**単元の導入，展開，まとめの各場面において，身に付けたい力やよりよくするための方法についてメタ認知させる**

　単元の導入，展開，まとめの各場面において，自分たちの思考はどのような状態であるかを常に意識できるように言語化させた。例えば導入においてはこの学習を通してどのような力を身に付けたいのか，あるいは身に付けることができそうかという見通しをもたせたり，展開においてはどのような力を見いだすことができたのかを自覚させたりした。そうすることで，「最初はこのような自分であったが，学習を通してこのように高まった」と自己の高まりを自覚しやすくなると考えた。

❷**具体的な姿から一般化につなげる言語化**

　具体⇔一般の思考の行き来が自由にできる力を身に付けさせたい。「〇〇さんの話し方がよかった」では単に感想で終わってしまい，今後に生かせる力にはならない。「〇〇さんの話し方の中からこの部分を真似よう」と真似できる，次につなげられる形に一般化させることを大切にしている。このような思考の仕方を繰り返しの中で身に付けられてくると，単元や教科が変わっても生かすことができると考える。

❸**聞く立場による可視化**

　子どもが夢中になって話し合っている時に，自分がどうだったかをふり返るのは困難である。そのため聞く立場をつくり，話し合いがどうだったか冷

静な目で報告してもらい，話し合いのよかったところ，改善点を可視化して
もらった。そのことにより話し合いの改善につながると考える。

2
単元のねらいと概要

　よりよい討論会のあり方について考えることを通して，自分たちの話し
方・聞き方・考え方を見つめさせ，表現を工夫して話したり友達の考えと比
べたりする力を育成することをねらいとした単元である。そのため討論会と
いう１つの話し合いの仕方の価値を考え，今後の学習や生活につなげていけ
るようにした。

　討論会のテーマは，子どもたちが両面から考えることで考えを深められる
ような内容，かつ子どもたちのその時の学習や生活と結び付いているものを
教師が提示し，その中から選ばせた。今回は税務署の方の特別授業が近くに
予定されていたことから，事前に考えておきたいということで「消費税が
８％から10％に上がることに賛成か反対か」というテーマが選ばれた。

3
主な評価規準

○自分の考えが伝わるように相手の反応に応じて表現を工夫して話している。

（話すこと・聞くこと　ウ）

○自分の立場の考えと比較しながら異なる立場の話を聞き，互いの話の中心
　を捉えている。

（話すこと・聞くこと　エ）

○よりよい討論会を実現するために，討論会の目的やルール，流れについて
　考えている。

（話すこと・聞くこと　オ）

Chapter3　実践編　思考の可視化ツールを活用した学び合いの授業プラン　119

4
単元のイメージ

学習過程		学習の流れ
第一次	単元の価値，目標の理解と課題設定	**第1時** 単元の価値と目標をつかみ，学習の見通しをもつ。 …❶ ○討論会の特徴（他の話し合いの方法との違い）と討論会をすることのよさについて話し合う。 | よりよい討論会のあり方を見付けよう。 | ○よりよい討論会のあり方を見つけるための学習の計画を立てる。
第二次	討論会の進め方の検討	**第2時** 討論会のルールと流れを考える。 …❷ ○よい討論会にするためのルールや心構えについて話し合う。 ○討論会の流れについて話し合う。 ○討論会のテーマを決定し自分の立場を決める。
	内容，構成の検討 根拠となる情報の収集 討論会①	**第3時** 立場に分かれて準備をする。 ○テーマ「消費税が10％に上がることに賛成か，反対か」について立場に分かれ，考えが伝わるように考えをまとめたり，資料を用意したりする。 **第4時** 1回目の討論会をする。 ○資料を提示しながら相手に伝わるように考えを伝え合う。 ○聞く立場が討論会の成果と課題をまとめる。
	ふり返り	**第5時** 討論会のルールや流れを再検討する。 …❸ ○1回目の討論会の成果と課題を具体的にふり返り，さらによりよい討論会にするために，ルールや流れについて話し合う。
第三次	討論会② ふり返り，価値づけ	**第6時** 2回目の討論会をし，よりよい討論会のあり方についてまとめる。 …❹ ○今後の生活に生かしていくために，単元を通してその価値を実感した話し方・聞き方・考え方について自分たちの言葉でまとめる。

5
単元全体の思考の可視化のポイント

❶学習に向かう前に，言語活動の価値や課題を書き出す

　様々な話し合い方の中でも討論会は他の話し合い方に比べて，どのような特徴があるのか，討論会をするよさは何なのか，その意義について予想したり，討論会をすることによって自分にはどのような力が付くのかと期待や見通しをもったりする時間を設定した。一方で，よさだけではなく過去の体験から陥ってしまいがちな課題についても考えさせ，書き出した。子どもたちから出された考えは以下の様である。

・討論会の特徴：立場をはっきりさせてから話し合う。
・討論会のよさ：1つのテーマに対して両面から深めていくことができる。
・討論会をすることによって自分に付く力：異なる立場の人に分かってもらうために分かりやすく話す力，根拠をもって説得する力，相手と自分の考えを比べながら考える力
・討論会の課題：自分の立場にこだわりすぎて，相手の話を受け止めることが難しい。

　このように，学習活動が展開する前に，その価値や課題について今の自分たちの考えを可視化する時間を大切にしている。特に，どのような力が身に付くだろうか，ということを見通させることによって，学習活動が展開していく中でも子どもたちは力を意識しやすくなる。

❷聞く立場からのコメントによる可視化

　話す力，聞く力，考える力を高められるような，価値のある討論会にするために，自分たちの話し方，聞き方，考え方のよさや課題を冷静に見取り，価値づける「聞く立場」をつくろうという意見が出された。

　また，自分たちが立てた仮説（このようなルールで，このような話し方・

聞き方をしていればよい討論会ができるだろう，という見通し）のもと，１回目の討論会を実施し，それを「聞く立場」の人たちがふり返ったあと，そのふり返りをもとに２回目の討論会をすればよりよい討論会に近づけるのでないか，という結論に至った。夢中に話し合っていると自分の話し合い方がどうだったか分からなくなることが多いが，聞く立場

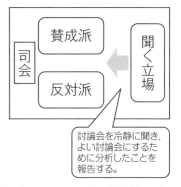

討論会を冷静に聞き，よい討論会にするために分析したことを報告する。

の人から冷静なアドバイスをもらうことは，話し合っている時の思考を可視化することになる。このことにより，子どもは話し合う力を伸ばすことができると考える。

❸**具体的な姿を言語化し，「技」につなげる**

１回目の討論会において，誰のどのような話し方・聞き方・考え方がよかったかを具体的に言わせた。「○○さんは，相手の話が分かった時はうなずいて反応をして，疑問が残った時は『つまり…ってこと？』と聞き返していた」「△△さんは，資料の内容を簡単に説明したあと，『ここから分かることは…』と自分の考えを話していたので分かりやすかった」など，友達の具体的な姿が価値づけられた。そのまま具体的な姿でふり返りが終わってしまうと，次の学習活動に生かすことが難しい。具体から一般化し，全員が使える言葉に可視化し，「技」に昇華させることが大切である。これらの友達の具体的な姿から子どもたちが見出した「技」は，○相手の話に反応を示す，○分からない時は自分が捉えられたところまでを「つまり…ということですか？」と聞き返す，○意見を述べる時は，資料から分かったこととそこから自分が考えたこととを分けて話す等である。今考えていることは具体なのか，一般なのかを認知させたり，具体から一般へ，一般から具体へ，と思考を行き来させたりすることで子どもたちの思考力は育っていく。

❹今後の学習や生活につながるポイントのカード化

　このような話し方が大切である，と教師がおさえた
り，教科書に書かれているポイントをただ読んだりし
ただけでは，子どもたちが今後の学習や生活場面で生
かしていこうとする実感の伴ったポイントにはなりに
くい。単元で獲得した力を子どもが納得する言葉にし
てカード化し，教室に掲示したりノートに書かせるこ
とで進んで使用することが大切である。

・・・・・・・・・・・・・・・・・・・・・・・・・・・ **6** ・・・・・・・・・・・・・・・・・・・・・・・・・・・
本時の流れ（5時／全6時間）

時	学習活動	指導上の留意点
12分	○前時の討論会の成果と課題について，討論会を聞いていたグル ープが報告する。 …❶ ・賛成の立場からは，集められた税金が「このような場面で有 効活用できる」という根拠となる事例がたくさん出された。 これだけ多くの場面で有効活用されるのであれば，消費税が 2％上がってもよいのではないかと思えた。 ・反対の立場の〇〇さんは，賛成の立場の意見を最後まで聞き， 「この部分は分かるけど，ではこの部分は…？」と相手の話 の納得できる部分とそうでない部分を整理し，分からない部 分をさらに尋ねていた。立場が違っても納得できる部分を見 つけようとする姿勢がよいと思った。	討論会を冷静に聞 いていたグループ から，友達の具体 的な姿をもとに成 果と課題を述べさ せることで，よい 話し方・聞き方に ついて実感を伴っ て理解できるよう にする。
13分	○報告を受け，討論会をしていたグループが自分たちの話し方・ 聞き方・考え方の反省について話し合う。 …❷ ・私たち反対の立場は根拠を示すよりも自分たちの主張を伝え る時間が長くなってしまった。賛成の立場の人たちは，資料 を提示したあと，「分かりますか？」と私たちの反応も確か めながら話してくれたので分かりやすかった。異なる立場に 立って話す準備をすることが大切であったと反省した。	
20分	○さらによりよい討論会にするために，ルールや流れについて話 し合う。 …❸	

Chapter3　実践編　思考の可視化ツールを活用した学び合いの授業プラン　123

7
本時の思考の可視化のポイント

❶聞いていたグループが，ポイントを可視化しながらふり返る

　前時の討論会の時にとったメモをもとに，友達の具体的な姿を報告をさせた。グループで検討したことを全体の場で報告させる時には役割分担を意識させたい。メモをもとに話す子，話している内容を黒板に分かりやすくまとめる子に分け，話し言葉で伝えるだけでなく，話している内容を視覚化させることで，全員が理解しやすくなるとともに，黒板にまとめる子の力も格段に伸びていく。事前にボードなどにまとめさせ，まとめた内容をもとに話させる場面は多くあるが，その逆に話している内容をその場で書いてまとめさせる場面を度々設定することで，子どもの思考力はぐんぐん伸びていく。最初は上手にまとめられないこともあるが，その際は教師が補うことで，よりよいまとめさせ方を子どもたち自身が気付いていけるようにしたい。

❷他者の視点から，改めて自分たちの学びをふり返り，言語化する

　討論会を聞いていたグループからの報告を受け，改めて自分たちの話し方・聞き方を冷静にふり返る時間を設定したことで，子どもたちからは自然と自分たちの話し方・聞き方の反省点が素直な言葉で出された。相手に分かってもらおうと夢中になって話している時には自分たちの話し方や思考を捉えることは難しい。しかし自分たちのことを客観的に捉えてくれていた他者からのふり返りを手掛かりに，時間を空けずにふり返らせることで，子どもたちは実感を伴って自らの話し方・聞き方について吟味することができると考える。

❸教師の板書による整理

　❶の聞いていたグループからの報告の際に書かれた板書をふり返らせ，色チョークで印を付けるなどしながら，よりよい討論会につながりそうな話し方・聞き方・考え方を見いださせた。また，矢印等を使って具体的な成果や課題から，次の討論会につなげるためのルールや話し方につなげさせた。

124

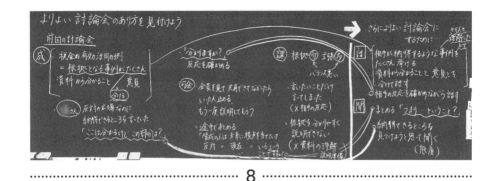

8
評価の工夫

❶相互評価⇔自己評価

　友達からの評価と自己評価，どちらかだけではなかなか真の姿を捉えた評価になることは難しい。本単元では聞いていたグループによる評価を受け，改めて自己評価させた。「友達はああ言っていた。確かにこの部分については自分たちに足りないところだった」と他者の評価と自己評価が合致した部分については素直に納得できていた。一方で，「友達はああ言っていたけれど，この部分については納得できない」というところについては，さらなる対話が生まれるチャンスである。納得できない部分について，「なぜ」とさらにそのような評価の理由を尋ね，それに答えるという活動を通して，互いに評価の観点がはっきりしてきたり，納得のいく評価となったりする。

❷子どもたち自身が評価規準を作り具体的な姿と結び付けながら自己評価する

　よい討論会にするために必要だと考えた話し方・聞き方・考え方を一般化したものを評価項目として設定し，◎○△×で評価させた。さらに記号による評価で終わるのではなく，なぜ自分がその項目を○と判断したのか，その理由となる自分の姿を分析して具体的に書かせた。「こういうことができたから，この項目は達成できたと思う」と，判断とその理由をいつもセットで考えさせることを通して，実感をもって自分の成果と課題を捉える力が付いていくと考える。

（鈴木綾花）

第6学年

自分の見方・感じ方を可視化し表現する

単元名：自分のものの見方や考え方を深めよう

時期：3学期　領域：書くこと　時間数：全8時間
関連教材：「随筆を書こう」(教育出版6年)

.... 1 ....
思考の可視化のポイント
❶冊子を見せてクラス全体で学習のゴールイメージを共有する
　主体的な学びにするためには，「何のために書くのか」をはっきりさせて「書きたい」と思わせることが大切である。この単元では，クラス全員の随筆作品をまとめた冊子を作る活動をする。まず学習に入る前の環境を整えたい。教室に随筆の作品を多く用意したり，読み聞かせの時間で紹介したりと様々な作品にふれさせて，随筆のおもしろさを味わわせる。そして過去の6年生の随筆冊子なども学級文庫として置き，自分も書いてみたいという意欲を醸成させていく。また，冊子を作って終わりではなく，それをどうしたらみんなに読んでもらえるのか，と考えさせることで相手意識，目的意識をもたせたい。それには個人→グループ→全体と考えや意見をカードなどに書き出して可視化しながら話し合うことが大切である。それによりゴールイメージを全体で共有することができ，書くことへの主体性が高まってくる。

❷自分のものの見方，感じ方をウェビングマップで可視化する
　今回の随筆では，普段何気なく過ごしている生活の一場面を自分なりの見方や感じ方で切り取って文章にしていく。そのためには，日頃から気付いたこと，感じたことをメモとして可視化し素材を集めておくことが大切である。
　また物事を一方からだけ見ていたのでは，その場面や出来事にある意外なおもしろさやメッセージに気付けないこともある。様々な角度からの視点で物事を見ようとすることも大切である。そのためには，視点やイメージを拡

げていくウェビングマップ作りが効果的であろう。身の回りにあるものや体験を中心にして，連想したことを自分1人で，または友達と可視化していく。

そこに，自分では意識していなかった，ものの見方や感じ方が現れてくると考えた。

❸付箋で学び合い，書く力の向上

随筆を書くための学習過程において，それぞれの場面で学び合い，自分の思考を整理したり，まとめたりすることで書く力を向上させたい。

文章を書こうとする時には，いきなり書き始めるのではなく，一度友達と対話をして内容についてやり取りをすることは大切であろう。自分では気が付かないことを引き出してくれたり，質問によってあやふやだった内容が明解になったりするからである。また随筆を書く学習過程では，題材の決定において意見をもらったり，相手に伝わりやすい構成になるか相談したり，推敲で意見を出し合ったりと様々な場面で学び合いが生まれる。それらの話合いをメモやふせんで可視化することは，自分や他者の思考を整理，吸収しやすくし，よりよい文章にすることにつながっていくであろう。

·· 2 ··
単元のねらいと概要

本単元では，随筆という文章を書くことで，「自分なりのものの見方や考え方を深める」ということをねらいとした。随筆は，身の回りで起こったり体験したりしたことを，自分なりの見方，考え方をもって切り取り，それを読み手に伝えるものである。子どもたちにとって日記や行事作文などはなじみがあるが，随筆については，教科書教材などでふれてはいるものの本格的に書くのは初めてである。まずは日記と随筆との違いを捉えさせたい。

そして，日常の何気ない出来事の中にも，「自分の捉え方を変えてみるとあらたな発見がある」ことを友達との対話により気付かせて，見方や考え方を深めていきたい。

Chapter3　実践編　思考の可視化ツールを活用した学び合いの授業プラン　**127**

·· 3 ··

主な評価規準

・身の回りの出来事から書くことを選んで決め，表現を工夫して書いている。

(書くこと　ア、ウ)

・グループで助言し合ったことをもとに，表現の効果などについて確かめている。

(書くこと　オ)

·· 4 ··

単元のイメージ

	学習過程	学習の流れ
第一次	目標の理解，単元の見通しを確認	第1時　随筆集作りについての見通しをもつ。 ○随筆を書くことへの見通しをもつ。 ○完成した随筆集の活用について話し合う。
第二次	随筆についての分析	第2時　文章構成や表現の工夫について分析する。　…❶ ○友達とモデル文の工夫について話し合う。 ○日記と随筆の表現の違いについて知る。
	主題の決定，構成の検討	第3・4時　書く出来事を決め，構成を考える。　…❷❸ ○書き留めておいた素材から書く事柄，主題を決める。 ○一番伝えたい事の事実と感じ方，考え方を分けて構成する。
	グループで構成の検討，下書き	第5時　構成シートをもとにグループで話し合い，下書きを書く。　…❹ ○構成シートの段階で，3名のグループで助言をし合う。 ○自分の伝えたいことに，どういった書き出しや文末，表現の工夫が必要か考えながら下書きを書く。
	グループで下書きの推敲	第6時　下書きした随筆を観点に沿って推敲し合う。　…❺ ○推敲する観点を，モデル文で確認してからグループで推敲し合う。
	清書	第7時　推敲をもとに清書する。 ○友達の助言で納得したものを，取り入れ，清書する。
第三次	全体での交流	第8時　完成した随筆集をクラスや学年で交流する。 ○読み手からの感想を聞いたり，読んだりして，学習のまとめをする。

5
単元全体の思考の可視化のポイント

❶モデル文を用意し，日記と随筆の違いを分析する

　まずは，日記と随筆はどのように違うのかを認識しなければならない。同じ出来事で日記にしたもの，随筆にしたものを教師がモデル文として用意する。随筆には，書き出しの工夫や比喩表現，擬人法などを織り交ぜておき，違いについて，個人→グループで探させる。話し合いながらモデル文に気付いたことをどんどん記入し可視化することで，その後全体で共有することができる。また，その発見した表現技法をカードにして可視化しておくことで，次の書く活動につなげることもできる。

❷ウェビングマップで身の回りの出来事を可視化する

　何を題材にしたらよいか考えるきっかけとして，身近なものや体験を１つあげ，そこからウェビングマップを作っていく。まずは自分１人でやってみて，友達のマップと比べてみることで同じ出来事であっても，思考のはたらきが違うことに気付くであろう。

　次に，１つの題材を友達と一緒にマップ作りをしてみる。そうすると違いに気が付くだけではなく，自分１人では，思いつかなかった思考の広がりを感じられるはずである。

❸書き留めておいた素材から主題を設定する

　日常の出来事から，題材を探すために，様々な観点を用意し感じたことを書き留めておく。そうやって素材をたくさん集めた上で，書きたいことを固めていく。そして，いくつか絞ったエピソードの中で「他の出来事にも共通すること」「自分なりに学んだこと」「他の人にも投げかけたいこと」など様々な角度から検討し主題を設定する。また自分１人で難しい時は，友達と

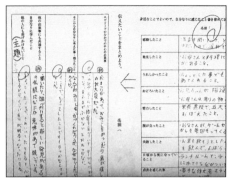

相談しながら主題を決めていく。

多くの視点を用意し、日頃からメモをしていく。

その中で友達からも意見をもらい主題（伝えたいこと）を設定する。

❹出来事（事実），考えたこと（意見）を構成シートで整理する

日頃から探してメモなどに可視化しておいた素材を構成シートに貼り付けてみる。それに対応した自分なりの感じたこと，考えたこともメモにして貼り付け，動かしやすいようにする。まずは自分なりにメモを動かして伝えたいことを「始め，中，終わり」のどこにもってくるか並び替えてみる。その後グループになり，伝えたいことが相手に伝わるかどうか話し合いながら構成を検討する。いきなりで難しい場合は，一度モデル文を使い全体でどうすれば伝わりやすい構成になるか確認してみてもよい。

❺カードによる推敲方法の可視化

文章を推敲する際に使う記号や線の引き方などをまとめた推敲カードを使用する。教師が普段から，子どもの書いた文章をその推敲カードどおりに直していけば，子どもも自然と使えるようになる。カードについては単元前の早い段階

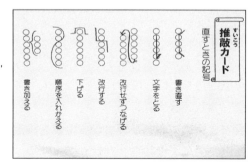

から配布しておいてもよい。さらに時間が取れればモデル文などで，推敲の仕方を一斉に指導しておくと，より定着が図れる。

6

本時の流れ（6時／全8時間）

時	学習活動	指導上の留意点
5分	○本時のめあてを知る。 …❶	推敲の時に気を付けるポイントが分かりやすいモデル文をいくつか用意する。個人で考えた後，全体で確認する。
	○伝えたいことがよりよく伝わるように推敲しよう。	
5分	○モデル文にて推敲の観点について話し合う。 ・伝えたいことが伝わる文章構成になっているか。 ・書き出しが読み手を引き付けるものになっているか。 ・表現の工夫がなされているか。 ・伝わりやすい言葉となっているか。	
5分	○グループでの話し合いについてやり方を確認する。 …❷ ①自分の作品を音読する。 ②よいと思った表現や構成について伝える。 ③伝えたいことがきちんと伝わるか話合う。 ④その他，表現の工夫などについて吟味する。	グループでの推敲について，話し合いのモデルを見せて流れやポイントを確認する。
25分	○グループで話し合う。 …❸❹	
5分	○学習のまとめをし，次時の学習への見通しをもつ。 ・友達との話し合いでよくなったと思う文章を確認し，発表する。	

Chapter3　実践編　思考の可視化ツールを活用した学び合いの授業プラン　131

7
本時の思考の可視化のポイント

❶全体で話し合うことで，ねらいを理解させる

どのようなことに，気を付けながら推敲すればよいのか。教師のモデル文をもとに全体で話し合わせる。

筆者の伝えたいことが，どのようなことなのか，それが伝わりやすい構成や表現となっているか，全体で話し合い本時でのねらいを理解させる。

❷話し合いの流れをモデル動画で可視化する

３名の話し合いのモデルを事前に動画で作成しておく。①自分の下書きを音読する，②それぞれの文章のよいところを探し伝え合う，③伝えたいことが相手に伝わるか吟味する，という内容を伝え板書する。そして，実際に話し合っているところを動画で見せて，具体的にどういうポイントに気を付けて話し合うとよりよい推敲になるのかつかませる。

❸意図的なグルーピングで学び合いを進める

高学年で，話し合いが進めやすい人数として３〜４名が適切であるが，今回は友達の原稿を読みながら作業することを考えて３名とした。Ａ（書く能力が高い）Ｂ（おおむねできる）Ｃ（書く能力が低い）子どものバランスを考えて，ＡＢＣのグループやＡＡＢのグループなどを意図的に作り，話し合いを通してねらいを達成できるようにしたい。

❹話し合いが可視化しやすい推敲シート

通常の原稿用紙では，行と行の隙間が狭く，修正したものが書き込みにくい。

そこで今回は推敲用に行と行の間が1行分空いているシートを使った。

文字が書き込みやすく，グループで話したことが可視化しやすいという利点がある。同時に何人かで書き込むことで話し合いのツールとしても有効であり，その後の清書においては，その書き込みから取捨選択して本文に生かしていく。

8 評価の工夫

❶評価規準を明確にした自己評価

単元全体を通して，毎時間のふり返りを書くとともに，身に付けさせたい力をカードにして，チェックしながら進め，自分でもどのような力が身に付いたか実感させるようにした。

右の表は一部抜粋であるが，「主題の設定，構成，表現の工夫，推敲，清書」の活動において☆必ずおさえる項目と□技法など選択して使う項目とに分けて自己評価する。

☆文の構成 始め、中、終わり	☆事実と考えを分け書き出しの工夫	□音や声から	□会話から	□情景描写から	□表現の工夫	□比喩表現	□擬人法	□体言止め	☆推敲	☆友達の文を読み～

❷クラス内，同学年で相互評価する

クラス内や同学年で，随筆集を読み合う。

ただ感想を書くということではなく，今回の授業であれば①その人なりの自分なりの見方，考えが伝わったか②表現の工夫はどうかなど，単元のねらいに沿った評価項目を入れさせて，ふせんやカードを交換するとよい。

❸他学年，保護者の感想を可視化し，書いた喜びを味わわせる

完成した冊子は，表紙をつけて図書室や他学年の学級文庫に置き，自習時間や読書の時間などを利用して感想を書いてもらったり，学校公開などで呼びかけ保護者に感想を書いてもらったりした。集まったコメントはすぐに教室や廊下に掲示することで子どもたちの満足感や達成感へつなげていきたい。

（冨永央星）

お わ り に

　本書は，思考の可視化と学び合いという２つの側面をかけ合わせて授業改善の提言をしたことに意義があると考える。

　これまでにも，思考の可視化については多くの提言がなされ，書籍もたくさん出版されてきた。しかしながら，国語科の授業づくりに的をしぼり，理論面と実践面の両面から解説したものはこれまでにはなかった。さらに，実践については，低学年・中学年・高学年と全ての発達段階に対応しつつ，「話すこと・聞くこと」「書くこと」「読むこと」といった国語科の全ての領域における具体的な授業場面での活用について幅広く，かつ詳細に解説したという点も，本書の特長の１つであると考える。もちろん，これまでの国語科の授業の中でも，思考の可視化ツールは取り扱われてきたし，本書で紹介しきれなかったツールや実践事例は数えきれない。とは言え，国語科の授業に生かせる方法としてこれだけ幅広く紹介できたことは１つの成果であると受け止めている。本書内で示したように，思考の可視化は子どもたちの思考をはっきりさせる効果があるだけでなく，そのままでは観察することのできない子どもたちの思考の状況を指導者が把握し，支援するためにも非常に有効な手立てであると言える。言葉を換えれば，思考を可視化することは，子どもたちのあいまいで漠然とした考えに寄り添ってやり，個々に応じた声かけをするための手立てなのである。本書をきっかけに，読者のみなさまの創意工夫を生かして，さらなる実践が開発されることが大切だと考えている。

　また，思考の可視化に学び合いという要素を明確に打ち出したことも本書の特長である。思考の可視化ツールを用いるとなると，とかく個別のワークシートでの取り組みが設定されがちである。作文における構成表などは，まさにその典型であろう。もちろん，個人でじっくり考えることは，とても大切な学習である。しかし，それと同じぐらい友達と互いの思考を関わらせながら学び合うことも重要な学習であると私は考える。そういった学び合いは，

時には支え合いとしての機能となるであろう。1人では自分の表現に自信が
もてない，よりよい表現にするにはどうすればよいか困っている，こういっ
た思いを互いに共有し，互いにコメントやアドバイスを送り合うのである。
その際，思考が可視化されていれば，友達が何を考えていてどこで困ってい
るのかがつかみやすく，充実した交流となるであろう。また時には，創造性
を喚起するという機能を発揮するであろう。話し合うことは，互いの考えを
共有するだけでなく，それまでにはなかった発想を生み出すはたらきがある
（実のない話し合いはそうはならないが）。目的に向けてグループとしての考
えを話し合って作ったり，互いの考えの違いから生じる葛藤を建設的に解決
していったりする場合にも，互いの思考が可視化されていれば，どこにズレ
があるのかを捉えたり，後から関連づけたりもしやすくなる。そう考えると，
思考の可視化と学び合いをかけ合わせることは，主体的・対話的で深い学び
を実現するための強力な学習方法であると言える。

　このような思考の可視化と学び合いをかけ合わせるといった新たな試みを
実践という形で具現化してくださった多くの先生方にも感謝を申し上げたい。
新たな試みであるため，どのように提示するか迷われたこともあったのでは
ないかと思う。それでも，どの実践例も，編著者の提案の趣旨を捉え，子ど
もたちの姿がありありと伝わるように丁寧に解説してくださっている。読者
のみなさんの参考になることは間違いないだろう。

　本書の刊行にあたり，企画の始めの段階から，編集，完成に至るまで，明
治図書の木山麻衣子氏には並々ならぬお世話をいただいた。章立てについて
も何度も協議を重ねたことで，我々の提案が読み手に伝わりやすくなったと
感じている。この場をお借りして厚く御礼申し上げる次第である。

2018年2月

編著者　北川　雅浩

【編著者紹介】

細川　太輔（ほそかわ　たいすけ）
1978年東京都生まれ。東京学芸大学准教授。東京大学教育学部
卒業，東京学芸大学連合大学院修了。教育学博士。私立小学校
教諭，東京学芸大学附属小金井小学校教諭，東京学芸大学講師
を経て，現職。主な著書に『国語授業アイデア事典　アクティ
ブ・ラーニングがうまくいく！ペア＆グループ学習を取り入れ
た小学校国語科「学び合い」の授業づくり』，『同　深い学びを
実現する！小学校国語科「習得・活用・探究」の学習過程を工
夫した授業デザイン』（明治図書）などがある。

北川　雅浩（きたがわ　まさひろ）
1980年兵庫県生まれ。東京都葛飾区立中之台小学校指導教諭
（国語）。青山学院大学文学部教育学科卒業，東京学芸大学大学
院修士課程修了。現在，東京学芸大学連合大学院博士課程在籍
中。主な論文に，「協働探究を志向した討論力の育成」（『月刊
国語教育研究』505号，日本国語教育学会）などがある。

【執筆者紹介】

鈴木　秀樹	東京学芸大学附属小金井小学校
富安　裕江	東京都あきる野市立草花小学校
清水　絵里	東京都北区立稲田小学校
武井　二郎	東京都台東区立上野小学校
倍　菜穂美	大阪府堺市立新浅香山小学校
髙井　星来	岐阜大学教育学部附属小学校
髙桑　美幸	東京都板橋区立志村第四小学校
石野　夏子	岡山県備前市立日生東小学校
奥村　麻衣	東京都板橋区立蓮根第二小学校
佐藤　優	東京都墨田区立押上小学校
鈴木　綾花	東京都渋谷区立笹塚小学校
冨永　央星	東京都墨田区立言問小学校

〈本文イラスト〉　木村美穂

国語授業アイデア事典

小学校国語科学び合いの授業で使える！
「思考の可視化ツール」

2018年3月初版第1刷刊	©編著者　細川太輔・北川雅浩
2021年8月初版第4刷刊	発行者　藤　原　光　政
	発行所　明治図書出版株式会社

http://www.meijitosho.co.jp
（企画）木山麻衣子　（校正）吉田　茜
〒114-0023　東京都北区滝野川7-46-1
振替00160-5-151318　電話03（5907）6702
ご注文窓口　電話03（5907）6668

＊検印省略　　　　　組版所　藤原印刷株式会社

本書の無断コピーは，著作権・出版権にふれます。ご注意ください。

Printed in Japan　　　　　ISBN978-4-18-211329-1
もれなくクーポンがもらえる！読者アンケートはこちらから →